历史的丰碑丛书

科学家卷

进化论之父
达尔文

李晋修　编著

吉林人民出版社

图书在版编目(CIP)数据

进化论之父 : 达尔文 / 李晋修编著 . -- 长春 : 吉林人民出版社 , 2011.4 （2021.8 重印）

（历史的丰碑丛书）

ISBN 978-7-206-07671-8

Ⅰ . ①进… Ⅱ . ①李… Ⅲ . ①达尔文, C.（1809 ~ 1882）—生平事迹 Ⅳ . ① K835.616.15

中国版本图书馆 CIP 数据核字 (2011) 第 037127 号

进化论之父 达尔文

JINHUALUN ZHIFU　DAERWEN

编　　著:李晋修

责任编辑:孙　一　　　　封面设计:孙浩瀚

制　　作:吉林人民出版社图文设计印务中心

吉林人民出版社出版 发行(长春市人民大街7548号　邮政编码:130022)

印　刷:北京一鑫印务有限责任公司

开　本:787mm×1092mm　1/16

印　张:8　　　　字　数:72千字

标准书号:ISBN 978-7-206-07671-8

版　次:2011年4月第1版　　印　次:2021年8月第2次印刷

定　价:35.00元

编者的话

“欲知大道，必先为史”。

回溯人类的足迹，人们首先看到的总是那些在其各自背景和时点上标志着社会高度和进步里程的伟大人物。他们是历史的丰碑，是后世之鉴。

黑格尔说：“无疑，一个时代的杰出个人是特性，一般说来，就反映了这个时代的总的精神。”普希金说：“跟随伟大人物的思想是一门引人入胜的科学。”

以史为鉴，面向未来。作为21世纪的继往开来者，我们觉得，在知史基础上具有宽广的知识结构、开阔的胸襟和敏锐的洞察力应是首要的素质要求，而在历史的大背景中追寻丰碑人物的思想、风范和足迹，应是知史的捷径。

考虑到现代人时间的宝贵，我们期盼以尽量精短的篇幅容纳尽量丰富的信息，展现尽量宏大的历史画卷和历史规律。为此，我们编撰了这套丛书。

编撰丛书的过程，也是纵览历代风云、伴随伟人心路、吸收历史营养的过程。沉心于书页，我们随处感受着各历史时期伟大人物所体现的推动历史进步的人类征服力量。我们随着伟人命运及事业的坎坷与辉煌而悲喜，为他们思想的深邃精湛、行为的大气脱俗而会意感慨、拍案叫绝。

然而，在思想开始远游和精神获得享受的同时，我们也随之感受到历史脚步的沉重和历史过程的曲折。社会每前进一步都是艰难的，都伴随着巨大的痛苦和付出。历史的伟大在于它最终走向进步，最终在血污中诞生了鲜活的“婴孩”。

历史有继承性和局限性，不能凭空创造。伟人也有血肉，他们的思想、行为因此注定了同样具有历史的局限性和阶级的、时代的烙印；他们的功业建立于千千万万广大人民群众伟大创造的基础上。历史是人民群众创造的，伟大的人物们是历史和时代造就的。同时，我们也无法否定此间他们个人的努力。这也正是我们编撰这套丛书的目的。

我们期盼着这套丛书得到社会的认同，对读者，特别是青少年读者之历史感、成就感和使命感的培养有所裨益。史海浩瀚，群星璀璨。我们以对广大青少年读者负责的精神，精心遴选，以助力青少年成长进步，集结出版了《历史的丰碑》系列丛书，敬请读者批评、指正。

编 委 会

查理·罗伯特·达尔文，是英国博物学家，进化论的奠基人。达尔文22岁从剑桥大学毕业后，以博物家的身份乘海军勘探船“贝格尔号”进行历时5年的环球旅行，观察和搜集了动植物和地质等方面的大量材料，经过归纳整理和综合分析，形成了生物进化的概念。达尔文在1859年出版了具有划时代意义的巨著《物种起源》，震撼了当时的学术界，成为生物学史上的一个转折点。他提出的以自然选择为基础的进化学说，不仅说明了物种是可变的，对生物适应性也做了正确的解说，从而摧毁了各种唯心的神造论、目的论和物种不变论，使当时生物学各领域已经形成的概念和理论发生了根本的改变。

进化论的创立，不仅在生物学发展史上具有革命性的意义，而且对哲学的发展也起了重要的作用。恩格斯高度评价达尔文的进化论，指出：这是19世纪自然科学三大发现（能量守恒和转换定律、细胞学说、进化论）之一。

目　录

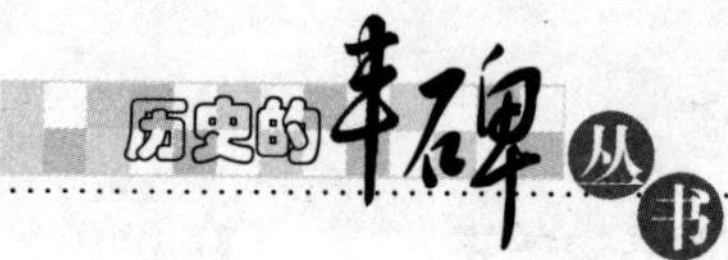
历史的丰碑丛书

少年时代的梦想

具有伟大的梦想，出以坚决的信心，施以努力的奋斗，才有惊人的成就。

——马尔顿

达尔文于1809年2月12日出生于距首都伦敦220公里的英国古城施鲁斯伯里。他的父亲罗伯特·瓦尔宁·达尔文是一位医学博士，在当地很有名望，母亲也出身名门，有良好的教养。只是在达尔文8岁时母亲就去世了，很小就失去母爱，给他幼小的心灵蒙上了一层阴影。

→达尔文画像

母亲去世那年春天，达尔文被送到施鲁斯伯

里城内的一所走读学校学习。在每次去学校之前，二姐卡罗琳都事先给他预习好功课，即使这样，他的学习还远不及他的妹妹卡萨琳。他对教材中讲的那些枯燥乏味、虚无缥缈的故事一点也不感兴趣，但对自然史，尤其是对搜集工作，逐渐产生了旺盛的热情。他向往自己将来成为一个研究分类的自然科学家或古玩收藏家，尝试着鉴定一些树木的名称或给各种植物规定名称，还注意收集各种各样的东西，例如贝壳、矿石、硬币和图章等等。这种爱好似乎是天生的，因为他的哥哥和4个姐妹都没有这种爱好。这种从小养成的独立观察及鉴别生物的习惯，给他以后从事博物学研究工作打下了良好的基础。

达尔文童年时代有一个习惯，就是喜欢长时间单独散步，散步时总是专心致志地进行思考。有一次他走过施鲁斯伯里的旧城堡旁的一条小道时，由于只顾思考，不小心从七八英尺高的路边失足跌了下去；他总是仁慈为怀，在搜集鸟蛋时，从每个鸟窝里只拿走一个鸟蛋，从不多拿；他还喜欢钓鱼，常常拿着钓鱼竿接连几个小时坐在塘边或河边。

1818年夏天，达尔文同他哥哥一起被送到当地由布特勒博士主办的一所旧式学校学习，到1825年夏季中止。

达尔文从小就喜欢采集矿物、植物和昆虫标本。

布特勒博士的中学，是一个非常严格的古典中学。除了古代语文课程外，还教授少量古代的地理和历史课程。学校的教学方式比较古板，要求学生背诵一些古罗马人和古希腊人的著作。这对达尔文来说是比较容易的事情，可是这种死记硬背的东西隔两天就忘了。这种单调的课程以及死水般的学校生活，让达尔文十分反感。

中学时期的达尔文逐渐形成了自己的性格特点，具备了那些寄托希望于某种未来美好事物的独特品质。强烈的求知欲，使他具有极其浓厚的多种多样的兴趣，喜欢刨根问底。当弄清了复杂的问题或事物之后，他就非常高兴。由于对课堂里学的知识不满意，达尔文就在课后广泛涉猎一些课外知识。他曾跟一位家庭教师学习欧几里得几何学，掌握了一些明确的论证方法。当他的姑父给他介绍了气压表游标尺的构造原理以后，他非常高兴。他还经常阅读各种图书，时常一连几个小时静坐不动。他专心阅读了莎士比亚的历史剧，还有汤姆森的《四季》诗集和其他诗人的著作。有一位同学购买到一本《世界奇迹》，达尔文就向他借来，时常阅读，而且还和其他同学互相争论，探讨这本书记载的事情是否真实可靠。后来他自己回忆说，就是这本书，首先引起了他到遥远地方旅行考察的愿望。

←达尔文在中学时代热衷于搜集昆虫标本。

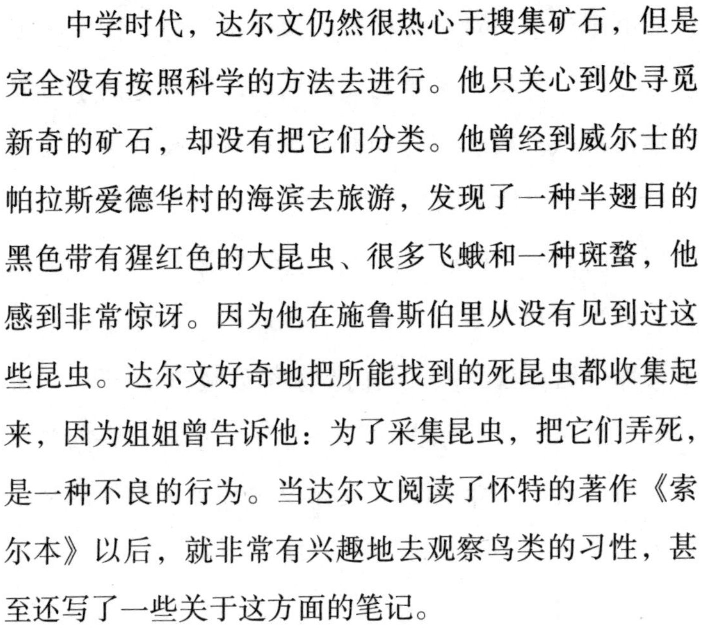

中学时代，达尔文仍然很热心于搜集矿石，但是完全没有按照科学的方法去进行。他只关心到处寻觅新奇的矿石，却没有把它们分类。他曾经到威尔士的帕拉斯爱德华村的海滨去旅游，发现了一种半翅目的黑色带有猩红色的大昆虫、很多飞蛾和一种斑蝥，他感到非常惊讶。因为他在施鲁斯伯里从没有见到过这些昆虫。达尔文好奇地把所能找到的死昆虫都收集起来，因为姐姐曾告诉他：为了采集昆虫，把它们弄死，是一种不良的行为。当达尔文阅读了怀特的著作《索尔本》以后，就非常有兴趣地去观察鸟类的习性，甚至还写了一些关于这方面的笔记。

当中学快要毕业的时候，由于达尔文的哥哥正在努力研究化学，他对化学也产生了兴趣。他同哥哥一起在父亲的花园里搞起了一个简陋的化学实验室，为了能当好哥哥的助手，他专心地阅读了亨利和派克的《化学问答》一书和其他几本化学方面的书籍。当他在化学试验中了解到更多的知识和奥妙之后，便对化学入了迷。他和哥哥一起到处搜集试验用的瓶瓶罐罐，经常在实验室里工作到深夜，制造出各种气体和许多化合物。当时学校反对达尔文从事化学试验工作，布特勒博士曾当众斥责他白白地浪费时间，而同学们则给他起了个“瓦斯”的外号。

由于达尔文对学校枯燥的课程很反感，而整天沉溺于打猎、养狗、采集之类的活动，因此他的学习成绩很不理想。校长布特勒博士曾当着全校师生的面训斥达尔文，说他胡闹、乱来，是一个没有出息的学生。达尔文的父亲知道后，也严厉地对他说："你只知道打猎、养狗、捉老鼠、抓小鸟、玩瓶子、采花草，这样下去你会给你自己以及我们全家都丢脸的。"于是，按照父亲的意愿，达尔文在1825年不待毕业就提前离开了这所学校。同年10月，父亲又送他到苏格兰的爱丁堡大学学习。

达尔文纪念塑像

大学时代的情谊

友情是瞬间开放的花，而时间会使它结果。

——科策布

1825年10月，达尔文的父亲把他送到爱丁堡大学学医。父亲之所以做出这样的决定，可能是发现儿子在这方面具备一定的天赋。

在达尔文没有进入爱丁堡大学以前的夏天，在父亲的指导下，他曾给一些病人看病，其中主要是妇女和儿童。他在病史卡上对每一个病人的症状都做了记录，并且读给父亲听。父亲向他提出了一些问题，让他对病人再做一些检查，告诉他病人该服什么药，然后由达尔文自己去配制。有一次，达尔文至少护理了12名病人，他的父亲发现，达尔文就像他本人那样善于博得病人的信任。他希望达尔文将来能够继承父业，成为一名受人喜欢的高明的医生。

达尔文来到爱丁堡大学后，报了如下一些课程：医学、化学、解剖学、外科学和临床学。第二年，他

达尔文曾被父亲送到爱丁堡大学学习医学，图为爱丁堡大学。

又报了产科学、自然史和物理实验3门课。他领了皇家医院实习证和大学图书证，成了图书馆经常的读者。开始时，他对大学生活充满幻想，但是学习两年的课程后，他便大失所望。达尔文回忆学校所讲授的课程中，除了霍普教授的化学课外其余课程全都索然无味。邓肯博士讲的药物学，是生灌硬塞，要求学生死记硬背；曼罗博士的人体解剖学，讲得味同嚼蜡；詹姆逊教授的地质学和动物学，同样是枯燥乏味，甚至使达尔文下决心今后不再读一本与地质方面有关的书。尤其是去爱丁堡医院的手术教室，看到两次十分糟糕的手术示范后，再也激不起他那继承父业、从事医学工作的决心。

但是这两年的大学生活，达尔文并没有虚度。虽然他很少研究医学，也很少上必修课，但他却把更多的精力和兴趣用在自然科学上。他常常到设在教学楼里的博物馆去，并且结识了几位爱好自然科学的青年，他们经常在一起讨论共同感兴趣的生物学问题。其中有一位罗伯特·格兰特博士，当时才33岁，正处于从事科学活动的黄金时期。早在1814年，他就在爱丁堡

达尔文常到海边采集生物标本，对动物进行解剖、分类和作观察记录。

大学获得了医学博士学位，在1815—1820年间，他一直待在巴黎和欧洲的一些大学里，潜心研究医学和自然科学。当拉马克出版了自己的进化论著作《动物学哲学》并准备自己的无脊椎动物学方面的一部最重要的著作时，格兰特很快就来到巴黎，向拉马克学习了很多东西。拉马克在这方面也进行了大量研究，对海洋无脊椎动物和海绵动物做了大量的观察，写出了几部很有价值的重要著作。格兰特博士是最早支持进化论学说的生物学家之一。

达尔文经常跟随格兰特博士去游览，帮助他在落潮后的水坑里采集标本，而他自己也尽力去研究如何对这些标本进行解剖。他还同当地的一些渔民结为朋友，有时跟随他们一起去捉牡蛎，因而获得了许多标本。1826年初，善于动脑分析的达尔文在简陋的显微镜下观察水生物时，竟发现了前人在论述上的两处错误：一处是借着鞭毛而有独立运动能力的所谓藻苔虫的卵，其实就是它的幼虫；另一处是，被假定为墨角藻的幼龄状态的珠状体，实际上就是类似蠕虫的海蛭的卵衣。根据观察的结果，达尔文分别写成了两篇论文，并在爱丁堡大学的一个主要研究自然科学的学生组织——普林尼学会上宣读，得到与会同学的好评。由于达尔文是非常有名的自然史爱好者，便于1826年

11月28日被选为普林尼学会委员，而在下一个星期选举负责人和理事会时，又被选为学会理事会五人成员之一。

当达尔文进入爱丁堡大学两年后，父亲看到他确实无意学医，就在1828年初送他进剑桥大学基督学院改学神学，希望他不再是一个“游手好闲”的人，而在将来能做一个“体面的牧师”。这时的达尔文已是一

→剑桥大学

个虔诚的基督教徒，甚至他也喜欢将来做一名乡村牧师。于是，他同意了父亲的建议。后来他自己承认，一想起正教会对他的理论进行过那么猛烈的攻击，这种一度想当牧师的念头，就显得太滑稽可笑了。

在剑桥大学时代，采集甲虫是达尔文最大的乐趣和爱好。有一次，他从树上撕下一张老树皮时，看到了两只稀有的甲虫，马上就用双手分别各抓住一只，但是忽然又见到第三只甲虫，而且是一只新奇的品种。他马上把自己右手抓住的一只甲虫塞进嘴中咬住。不想这只甲虫竟放出一股极其辛辣的液汁，灼伤了他的舌头，迫使他不得不马上把它吐出去，让它逃跑了，而这时第三只甲虫也无影无踪了。因此，他发明了两种采集甲虫的新办法：雇用一个工人在冬季去刮老树上的苔，把它放进一个大口袋里去；收集那些堆积在货船底面的垃圾，其中有从剑桥附近沼泽地区运来的芦苇。这样他获得了一些非常稀少的甲虫，一部分被列入到《不列颠昆虫图集》中。

达尔文性格开朗，像在爱丁堡大学读书时一样，在这里也结交了许多青年朋友，其中有一位是优秀的数学家维特莱。剑桥大学有个习惯，就是把参加数学考试的优等生编成一个花名册，叫作“荣誉学位考试”名单。列入花名册者叫作“数学学位考试一等及格

采集甲虫是达尔文在大学时期最大的乐趣和爱好。

者”，而花名册中的第一名，即优等生，则被叫作“优等数学学位考试一等及格者”，维特莱荣获了这个荣誉称号。达尔文同维特莱常在一起散步，一起去伦敦绘画陈列馆参观，因此达尔文对精美的版画和油画也产生了兴趣。

由于达尔文经常到维特莱居住的圣约翰学院去，因此在那里又结识了维特莱的表兄赫伯特，这是一位“心地十分善良”的人。他介绍达尔文参加了一个音乐小组，在那里可以进一步发展他从前就十分热爱的音乐爱好。他时常去聆听音乐演奏，步行到英皇学院的教堂中去倾听圣歌。他一听到美好的音乐就感到异常激动，心旷神怡。但他的乐感很差，以致辨别不出一个不和谐音，也不能独自哼唱出一支正确的歌调来。

在假期中达尔文同赫伯特接触特别多，他们有时一起到巴尔穆特去度假。在那里达尔文经常收集昆虫，特别是甲虫，同时也吸引了赫伯特“为科学服务”（当时他把收集昆虫称之为“为科学服务”）。他交给赫伯特一个装有酒精的瓶子，要赫伯特给他收集各种他认为罕见的甲虫。热心肠的赫伯特就极其认真地往瓶子里塞甲虫。往往他本人认为是罕见的甲虫，但在达尔文这位甲虫行家看来，却并不重要。可是赫伯特并不灰心，因为达尔文这种孜孜不倦的钻研精神，深深地感染了他。以至当达尔文离开巴尔穆特后，他依然按

达尔文一直热衷于自然科学的研究。

照达尔文信中指点的方法收集。后来，达尔文在赫伯特收集的品种中，发现了一些特别罕见的类型。

在剑桥大学读书期间，对达尔文一生事业最有影响的事就是结识了剑桥大学著名的博物学家汉斯罗教授。早在上剑桥大学之前，达尔文就听哥哥评论过当时才32岁的汉斯罗，说他是一位无所不知的博物学家。来到剑桥后达尔文经常去听汉斯罗教授的植物学课，尤其喜欢他在讲课中清楚的叙述和美妙的图解。经表哥福克斯介绍，达尔文被邀请到汉斯罗家中，参加每周举行一次的晚会。汉斯罗性格温和，为人善良，宽厚豁达，不爱慕虚荣，经常高兴地给大家介绍那些植物学、昆虫学、地质学、矿物学和化学方面的知识，这使达尔文受益匪浅。而达尔文所具有的那些聪明好学、执着追求，特别是对自然史所具有的一种真诚的热爱精神，不仅使同龄人，而且也使那些比他年龄大好多的人产生好感。达尔文和汉斯罗很快结成深交，以至于达尔文在剑桥大学的最后几年中，两人几乎每天都要在一起散步。无怪乎有人在谈论到达尔文时说："就是经常同汉斯罗一起散步的那个人。"这种友谊对达尔文一生的事业和成就起了难以估量的影响，因为它导致了达尔文后来的环球旅行。

在剑桥大学的最后一年里，达尔文津津有味地仔细阅读了约翰·赫瑟尔的《自然哲学研究入门》和亚历山大·洪保德的《美洲旅行记》。这两本书对他的一生影响极大，激起了他要“用自己菲薄的力量为建立自然科学的大厦做一点贡献”的决心。

亚历山大·洪保德出生的时间比达尔文早40年，法国革命开始的那一年，他才20岁，刚刚进入格廷根大学。洪保德从小就向往到遥远的国家去旅行，从小就酷爱植物学和矿物学。成年以后，他成了一位很有造诣和很有学识的博物学家、植物学家、矿物学家和地质学家。他年轻时曾同朋友一起沿着莱茵河到荷兰、英国和法国旅行，在意大利也旅游过不少地方，以后又用5年的时间旅行了拉丁美洲各国。在他用法文写成的美洲旅行记

←亚历山大·洪保德画像

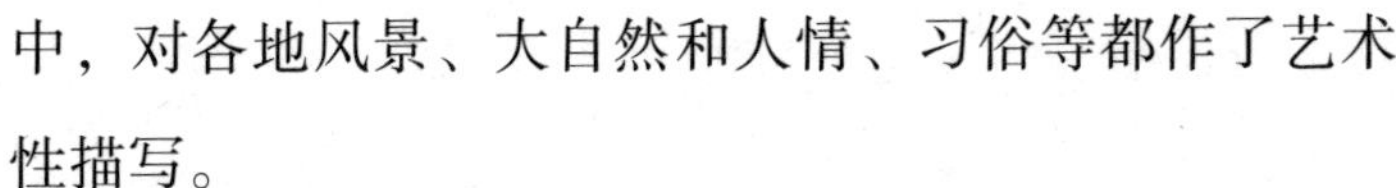

中，对各地风景、大自然和人情、习俗等都作了艺术性描写。

洪保德非常轻松地由发表美感的见解转到政治和科学的结论，加上他那生动诙谐的语言和明确的思想，这一切都吸引了达尔文。尤其是阅读洪保德关于攀登高度超过维苏威火山两倍的火山特纳里夫峰的描写，简直使达尔文入了迷。

洪保德在旅行记中叙述，他是乘坐一艘西班牙船只在早晨的浓雾中驶向加那利群岛的，即使很近的距离，也看不见什么。但是浓雾很快就消散了，于是在浓云上面立即展现出壮观的山峰和它那被曙光照得光怪陆离的山巅。大家都奔向船头，争相观看这一迷人景色。正在这时，从离船尾不远处的后方出现了4艘游弋的英国军舰，正在追赶这艘西班牙船只。当时西班牙正同英国作战，如果洪保德乘坐的船只被俘，并被押送到英国去的话，那他的旅行刚刚开始就可能遭到夭折。但是庆幸的是，浓雾很快又弥漫而来，遮住了这艘很快就要置身于港口炮火保护下的西班牙船只，使他们能够登上那晒得极热的不毛之地。

据洪保德叙述，位于“热带入口”附近的特纳里夫岛的西岸有许许多多的植物，如芭蕉、棕榈、仙人掌、龙舌兰，还有海枣树和椰子树，稍高的一些地方

←热带植物龙舌兰

是一些龙血树种。他用几页的篇幅描写了其中的一株大树：这棵龙血树又高又粗，树干的圆围达13米。它那长着一束束树叶的像烛台一样的树枝往上扬起，象征着大自然不可抗拒的力量。尽管这棵龙血树树龄很长，但每年都开花结果。

在描述房屋和花园布局很美的西岸美景时，洪保德补充说："不幸的是，这里居民的富裕程度，无论与他们的勤奋程度，还是与工业情况以及大自然向该地所提供的效益相比，都是不相适应的。农民一般都不是财产所有者。他们的劳动果实都归贵族所有。而那些长期使整个欧洲陷于贫困的封建机构，则阻碍着加那利群岛的人民过上富裕的生活。”洪保德在这里不但向人民展示了大自然的魅力，而且鞭挞了腐朽黑暗的剥削制度。

当时，达尔文从洪保德的这部书中，抄录了好几段关于特纳里夫岛的长篇记述，并且在一次游览时，把他抄录的记述高声读给汉斯罗、拉姆塞等几位好朋友听。因为他不止一次地向大家讲述特纳里夫岛的美

←亚历山大·洪保德画像

丽景色，所以有几位朋友宣称，他们也想到这个岛去旅游。不过，达尔文认为，他们的这种愿望不过是说说而已，他自己却是一心一意地要到那里去。达尔文甚至还请人介绍去找伦敦的一个商人，向他打听出国航行的船期。可是，由于达尔文后来参加了贝格尔舰的航行，这个计划当然就放弃了。

虽然达尔文在1831年初就通过了毕业考试，但是由于他是在圣诞节前进入剑桥大学的，因此按照校规，还必须留校两个学期，才算学习期满。当时，汉斯罗劝说他去研读地质学。因此，他在返回家乡的途中，考察了施鲁斯伯里周围几个地区的地层断面，并且在地质图上分层涂上不同的颜色，这并非一件轻而易举的事。他在研究了英国地质学方面的书籍之后，得出了一些很有趣的结论。他在一封信中写道："使我感到惊讶的是，我们对于整个地球结构的认识，很像一只老母鸡对于它在一小块地面上用爪子刨的那块100公顷的田野的认识……"

在这一年的8月初，一位很著名的地质学家塞治威克教授打算到北威尔士去，继续进行他关于古代岩石的地质学研究工作。汉斯罗就请他把达尔文也带上。塞治威克在旅行中经常让达尔文去采集岩石标本，并让他在地图上标出这些岩石标本的层理。这样，达尔文就学会了分析全国的地质情况。这次旅行，达尔文收获颇多，他不仅收集到很多岩石标本，同时通过考察使他明白了一个道理："所谓科学就是由许多可以从中得出一般规律或结论的事实构成的。"他也得到了一个经验："在未经任何人考察之前，一种现象，无论是怎样显著的，总是容易被忽略过去。"无疑，这些理性的认识对他日后的科学研究产生了较大的影响。

在假期，达尔文仍然喜好打猎、骑马和旅行，这使他的身体十分健康，经常处于朝气蓬勃、兴趣盎然的状态。

1831年8月，达尔文的好朋友汉斯罗教授收到了剑桥的天文学教授乔治·皮克的一封来信，希望他推荐一名理想的博物学家于10月底随同英国海军"贝格尔"号军舰去南美海岸进行科学考察。汉斯罗想起了达尔文，虽然他认为达尔文还不是一个成熟的博物学家，但却有着一种要亲眼看一看热带自然界的强烈愿望。因而他相信达尔文能够胜任搜集、观察并把值得记载的事物正确地记录下来等工作。于是他向皮克推荐了达尔文，并给达尔文写了一封信，希望他能够接受"贝格尔"号的聘请。

达尔文同塞治威克教授进行地质考察回来，读到汉斯罗教授的信，他非常兴奋。但是，达尔文的父亲却坚决反对这个旅行计划，主要考虑准备的时间太短，达尔文没有航海经历，可能身体会不适应。而且作为未来的牧师来说，参加这样的考察也是不合适的。达尔文把自己的想法告诉了舅舅全家，全家人都主张他去旅行，不要错过这个机会。乔斯舅舅还给达尔文的父亲写了一封信，一一反驳了他的观点，希望他能够同意达尔文的旅行计划。父亲最后改变了态度，使达尔文终于踏上了由年轻的舰长菲茨·罗伊带领的海军“贝格尔”号军舰，开始了他人生道路上的一个新转折。

←达尔文画像

踏上艰辛的旅途

科学的真理不应该在古代圣人的蒙着灰尘的书上去找，而应该在实验中和以实验为基础的理论中去找。真正的哲学是写在那本经常在我们眼前打开着的最伟大的书里面的，这本书就是宇宙，就是自然界本身，人们必须去读它。

——伽利略

19世纪30年代，正是英国资产阶级工业革命基本完成时期。工业革命的完成，标志着英国第一个从手工业占统治地位的国家变成了机器大工业占统治地位的国家，成为世界上最先进的资本主义国家，在世界工业和贸易中取得了垄断地位。英国资产阶级为了进一步掠夺资源和扩大市场，派遣了由一些自然科学家参加的探险队到世界各地进行科学考察，目的是要弄清各地的自然资源。这种探险活动在客观上促进了生物学、地质学和地理学等学科的发展。

“贝格尔”舰担负着研究和勘察南美洲东西两岸和附近岛屿水文地质的任务。在1831年12月27日，

工业革命的完成，标志着英国成为当时世界上最为先进的资本主义国家。

一个微风和煦、阳光明媚的日子，“贝格尔”号起锚出海，决定达尔文未来事业的环球航行开始了。

这时的达尔文22岁，广泛的涉猎已经使他积累了许多生物学、地质学方面的知识，并且逐渐形成了一种能够吃苦耐劳和对自己所研究的任何事物都专心致志的好习惯。正是有了这种习惯，才能够使他在5年的旅行中做出一番名留百世的业绩来。

“贝格尔”号以每小时七八海里的速度前进。第二天，军舰遇到了惊涛骇浪，开始不停地颠簸。由于晕船，达尔文饱受了整整一周的痛苦折磨。他在《航海日记》中写道：“这是最大的不幸。”当他们经过马德拉群岛时，他甚至不能登上甲板去看一看这个群岛。他同绘图员斯托克斯合住一个船舱，光线很充足，除了舰长室外，他们的居住条件可以说是最好的了。在晕船期间，达尔文要么躺在吊床上，要么躺在舰长室的沙发上，同菲茨·罗伊舰长谈话，或者阅读洪保德和其他旅行家描写热带自然界的著作，阅读英国著名地质学家赖尔的《地质学原理》，以此来转移注意力。

赖尔关于地球渐变的思想，启发并推动了达尔文的生物进化思想的形成。在《地质学原理》中，赖尔系统地综合了他以前的大量地质论点及资料，用地质渐变理论有力地驳斥了当时在地质学上占统治地位的灾变学说。他认为，地壳的变化不是什么超自然力量

“贝格尔”号军舰

←英国著名地质学家赖尔

或巨大的突变造成的，而是我们天天能目睹着的那些最一般的地质因素的变化，如风、雨、温度、河流、潮汐、冰川、海浪、火山及地震等活动，在悠久的地质历史运动过程中慢慢起作用而逐渐改变了地表结构和地壳结构，气候也要发生缓慢的、但又是巨大的变化。同时，赖尔还阐述了地层变化与生物化石遗骸有着密切的关系。他指出，在前后相继的各时代中，居住在陆上和水中的动植物的族类是不同的，地层年代愈新，生物的类型与现在生存的物种愈相似，而与较古老岩石中所存在的物种相差愈远。赖尔还倡导“以今论古”的地质学比较历史方法，这种方法可以用他的一句名言来概括，即“现在是过去的一把钥匙”。比如他认为，一些物种的出现和另一些物种的消逝，并不是立即、成批地发生的，而是当一些物种出现时，另一些物种被保留下来，再有一些物种则逐渐消逝。现在和过去是联系着的，一些灾变论者所宣扬的物种由于灾变而突然中断是荒谬的。这些鲜明的论点和比较方法都对达尔文的考察实践和理论形成起了很大的帮助作用。当达尔文以后考察佛得角群岛的圣地亚哥岛时，便很好地运用了赖尔的地质学原理，从而看出了赖尔的地质学思想的优越性。

航行一周后，当“贝格尔”号驶近洪保德大为赞赏的特纳里夫岛时，天气和景色才起了明显变化。“贝格尔”号向圣克鲁斯镇驶去，达尔文观察到了显露在浓云上面的白色山巅，他简直欣喜若狂，因为马上就要看到他神往已久的美丽景色了。这时，从圣克鲁斯方面驶来一只小船，一位执政官从小船上了“贝格尔”号的甲板，宣布说欧洲正在流行霍乱，任何人都不准上岸。听到这个意外的消息，达尔文与其他考察人员都非常失望，只好用恋恋不舍的目光送别他极其向往的目标——那一直历历在目的特纳里夫峰。

当“贝格尔”号通过热带时，达尔文趁风和日丽的天气，开始用一个1米多深的小网来打捞浮游生物。这个小网是用破布做成的，破布被固定在半圆式的拱形木上。把这个小网撒开拖在舰的后边，就可以捕获大量形状精巧和色彩丰富的微生物。他往往要花费一整天的时间来清理自己的捕获物，这使负责船只清洁卫生的韦克姆上尉大为不满。他曾愤怒地对达尔文说，如果我是舰长的话，那我早就把你和你那堆使人讨厌的垃圾一起扔到海里去。因为只有博物学家才把这些东西看作是宝贝，用心观察、研究。不过这种抱怨并没有妨碍上尉和这位博物学家之间建立密切的关系，在这次旅行中，两人成了要好的朋友。

←达尔文画像

环球考察中的“贝格尔”号

1832年1月16日，“贝格尔”号在佛得角群岛中最大的岛——普拉亚港停泊下来。从海面上望去，港口的四周呈现出一片荒凉，不由得使达尔文对洪保德所描述的热带风光感到失望。但是当他一上岸，走进长有芭蕉树、棕榈树和罗望子的河谷时，听到不熟悉的鸟儿在啼鸣，看到新奇的昆虫围绕着花朵在飞舞，便喜不自禁，感到这是对自己所经受的一切艰难和不幸的补偿。他在日记中写道：“这一天对于我来说是永远不能忘怀的，我就像一个瞎子重见光明一样。我为我所见到的东西而倾倒，我对自己的印象无法准确地理清。”

“贝格尔”号在这里停泊了3个星期，使达尔文得到了极其丰富的收获。他怀着巨大的兴趣进行了自然史考察和地质学勘察。热带植物，即棕榈树、波巴布树、香蕉树、甘蔗、咖啡树和大量的鲜花；各种鸟和昆虫，其中许多鸟色彩非常鲜艳；各种色彩很鲜艳的海生动物，如海兔、章鱼和珊瑚，他常沿着海岸观察这些动物的习性并细心加以收集。在考察方面达尔文表现出敏锐的观察力和非常的耐心。他用湿度表对空气中包含的水蒸气的浓度作了测量，结果精密仪器表明，空气的干燥程度要比物体表面高得多；他注意到由于这里经常刮风，所以金合欢树的树梢都向一面弯曲；他还把沉淀在桅杆顶端风向旗旗布上的灰尘加以收集，这种灰尘原来是从遥远的非洲海岸刮来的，

←达尔文画像

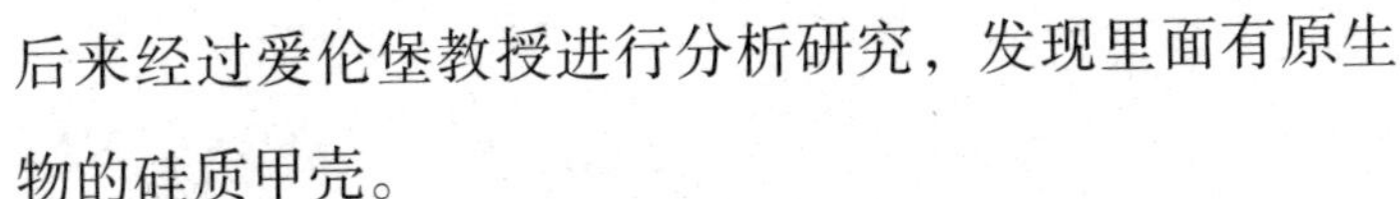

后来经过爱伦堡教授进行分析研究，发现里面有原生物的硅质甲壳。

达尔文和韦克姆上尉一起登上了大西洋之中的一个鲜为人知的小岛——圣保罗岛，韦克姆去打鸟，达尔文则去研究地质和自然史。在考察由岩礁上的鸟粪层形成的特别稠密的浮渣的过程中，他发现了两种根本不怕人的鸟，可以用地质锤来敲打它们，这两种鸟就是管鼻鹱和燕鸥。达尔文认定，这些荒无人烟的岛屿上的第一批移民，是一些寄生昆虫和靠吃鸟的羽毛为生的壁虱。

“贝格尔”号在巴西东北部的巴伊亚洲停留将近20天。达尔文游览了热带森林，收集了蜥蜴、昆虫和植物，观察了绝大部分是黑奴的当地居民的生活。达尔文非常痛恨奴隶制度，因而与维护和赞扬奴隶制度的舰长菲茨·罗伊发生了冲突。菲茨·罗伊对达尔文说，他在巴伊亚刚刚拜访一个大奴隶主，这个奴隶主把他的许多奴隶叫在一起，问他们对自己的处境是否满意，是否愿意获得自由，奴隶们一致回答说：“不。”达尔文用嘲笑的口气问他，难道能够认为那些奴隶当着主人的面所说的话有什么意义吗？菲茨·罗伊是一个脾气暴躁的人，这一问使他勃然大怒，说达尔文怀疑他所说的话，所以不能再在一起生活下去了。达尔

←达尔文纪念画像

文离开他后想，由于发生了这场争执，他将不得不离开这只舰了。不过菲茨·罗伊也是一个比较宽宏大量的人，过了几小时，他派一名军官去向达尔文道歉，并且请达尔文和以往一样回到舰上。达尔文出众的才华、坦率的性格、和蔼的笑容、幽默的谈吐，以及在工作中表现出来的充沛精力和热情，都不知不觉地赢得了人们对他的尊敬，人们都亲昵地称他为“亲爱的老哲学家”，年轻的海军练习生们都称他为“先生”。在“贝格尔”号航行的5年中，达尔文从来没有发过脾气，没有责备过任何人，没有对任何人发表过不负责任的议论。

1832年4月4日，“贝格尔”号驶进了里约热内卢港湾。在这里他第一次收到了来自家乡的信。

“贝格尔”号决定在这里长期停留，因此，达尔文同美术家埃尔一起在近郊博托福戈租了一座漂亮的房子，住了两个半月。在这里，他考察研究了里约热内卢四郊的自然界。他认为，里约热内卢四周的地质构造没有什么特别的地方，但植物和鸟类倒应该好好研究。他最关心的是收集陆上无脊椎动物和淡水无脊椎动物，他收集了很多漂亮的陆生扁平软体多肠目生物，并对昆虫的习性进行了大量的观察和研究。许多热带大型蝶类引起了他的兴趣，其中某些蝶类都有自己的习性特点。这些蝶类可以双翅张开成平面，在陆地上奔跑，发出很大的噼啪声。由于达尔文对甲虫十分熟

↑『贝格尔』号军舰

悉，所以毫不费力气地发现，里约热内卢附近的甲虫同美国的甲虫不是同一个科。他收集到了一些英国昆虫学家在热带没有采集到的小昆虫。如蚁冢虫、隐翅虫、象鼻虫等等，他细致地观察这些昆虫，发现它们彼此间的区别比他预料的要小得多。他还发现了许多直翅目、半翅目和针尾膜翅目。他收集了许多使人感兴趣的蜘蛛，对它们的习性进行了观察，并且发现了几个新的属。

停泊在里约热内卢港湾期间，“贝格尔”号上发生了一件令人悲伤的事：有3个人病了。这3个人曾同其他几个人一起乘快艇到马卡卡去打了一次田鹬。马卡卡是个沼泽地，当时正流行寒热病，这3个人被传染上了，病得很严重，结果丧了命，一块去的其他5个人病得轻一些。这是达尔文在热带所遇到的许多次可能发生的意外中的一次。

1832年7月5日，“贝格尔”号在其他军舰鸣放的友好送别的礼炮声中，离开了到处都是处女林的热带地区，向南方、向气候温和地带、向覆盖着草本植物的海岸驶去。途中，惊涛骇浪和汹涌澎湃的大海再次让达尔文饱受了晕船的痛苦折磨。但他仍能有时观赏逆戟鲸，有时观赏口齿锋利的抹香鲸，有时观赏那被人们称作“开普小鸽子”的小海燕。

7月26日，“贝格尔”号停泊在蒙得维的亚海湾。达尔文上岸后到那些从远处就能望见的辽阔的飞帘地里去散步，在这里，他第一次观察了美洲的鸵鸟。第二天，他到蒙得维的亚远郊收集标本，在那里他打死了一只水豚，这只巨大的啮齿动物重达45公斤，还猎获了一些美丽的蛇和蜥蜴，收集了他所喜爱的甲虫。他及时地把在巴西以及在这里收集到的物品包装好，其中一部分寄到了施鲁斯伯里家里去，一部分最重要的寄给了剑桥的汉斯罗教授。

9天后，“贝格尔”号起锚继续向南航行，以便对海岸进行观察。可是进行勘察的好天气没有持续多久，很快就狂风暴雨大作，以至持续一周无法进行测量。因为“贝格尔”号上的锚曾两次折断为几部分，有搁浅的危险，最后不得不驶进了布兰卡海湾。菲茨·罗伊舰长租了几只小帆船，大家便坐上这些船去进行勘察。

1832年9月22日，达尔文在彭塔阿尔塔发现了几个含有贝壳化石和骨化石的山岩。这个地方风景并不美丽，但天气却十分晴和，海水也很平静。待到他们刚刚返回“贝格尔”号，就开始下雨，刮起暴风。化石引起了达尔文的注意，第二天他设法又来到了离“贝格尔”号16公里远的彭塔阿尔塔，使他感到特别高兴的是，在含石灰质少的岩石中挖掘出了一个大型动物的头骨。为了取出这个头骨，他花了差不多3个小时，看来这是一个现在被列入古代有蹄类的剑齿兽的头骨。他在天黑3个小时后才把它弄到舰上，第二天在原来的地方又发现了几个化石。

10月8日，达尔文吃过早饭后又去了他采掘过遗骸的地方。这次他挖出了一个巨大的颌骨，并根据牙齿确定为大懒兽，即早为法国科学家居维叶所确定的树懒科。使他感到惊讶的是，正是在现在有树懒生存（只是躯体要小得多）的那个洲发现了树懒化石，而颌

达尔文以博物学者的身份登上“贝格尔”号军舰，随船进行为期五年的环球科学考察。

↑树懒

骨则是从有现代贝壳的土层里挖掘出来的。这就清楚地证明了赖尔的观点是正确的，而灾变论者的观点则是错误的。10月6日，在即将要离开布兰卡港的时候，达尔文又到彭塔阿尔塔去寻找骨化石。而且还单独一人访问了埃尔多拉多，并在那里继续挖掘出了一些骨化石。

12月15日，“贝格尔”号经过了麦哲伦海峡入口处，向火地岛驶近。在海岸的高地上，有许多火地岛人烧起的烟火信号，火地岛因此而得名。又航行两天后，“贝格尔”号从东面绕过了东火地岛的顶端——圣迭戈角，停泊在好结果湾。在那里，船只能够躲避从山上突然刮来的暴风。

翌日，达尔文在“野人故乡”第一次清楚地看见了“野人”，他们给他留下了非常深刻的印象。达尔文在给汉斯罗的信中描述道："当我们驶进好结果湾时，我永远不会忘记欢迎我们的一群火地岛人发出的那种喊声。他们坐在一座悬崖之巅，四周是山毛榉构成的阴暗森林。当他们用双手在自己的头部周围野蛮地转动的时候，他们的长发飘动着，这时他们仿佛是另一个世界中激动不安的精灵。这些野人与居住在更远的西方一带的野人不同，身材都很高大。他们披着用羊驼皮做成的斗篷，驼毛向上。他们的皮肤是赤铜色的，

←达尔文在『野人的故乡』第一次清楚地看到了野人。

头发又长又直，脸上画有两条横带纹，一条是鲜白色的，在眼睛的上边；另一条是红色的，从双耳到嘴边。他们的样子既可怜、柔顺，又恐惧、惊慌。他们发出的声音含糊不清，喉音很重，咔嚓咔嚓地响。”因此，一些旅行家指出，火地岛人的文化水平与其他部落相比是特别低的，但是，他们对于文明是能够接受的，而且表现出很高的才能。

“贝格尔”号在12月末准备绕过因风暴和烟雾而著称的合恩角，但是，由于天气恶劣，暴风雨夹带着冰雹异常凶猛地袭过来，因此舰长决定停止前进。可是，一场特大的暴风雨袭击了“贝格尔”号，海浪击破了一只小船，甲板上积满了水，一切东西都漂浮起来。达尔文的搜集品受到了严重的损失，所有用来包装晒干植物的纸张几乎全部毁掉。

环球旅行的第一年，达尔文既遭受了晕船的痛苦，又体验了在浩渺无垠的海洋上航行的寂寞，同时也饱尝了翻山越岭考察的艰辛。但达尔文并没有退却，而且勇敢地迎接新的挑战，向自己树立的远大目标迈进。

在实践中成长的博物学家

千淘万漉虽辛苦，吹尽狂沙始到金。

——刘禹锡

1833年1月初，经过连续几天的暴风雨袭击后，“贝格尔”号又开始向合恩角彼岸驶去。11日到达约克·明斯特尔山附近时，又遇到了更加猛烈的大风暴，只好退回海上。风暴连续几天大肆发威。达尔文在日记中写道：“除了天空中无数飞溅的水珠之外，周围什么都看不见。海面显出一副凶相，它好像是一片阴惨惨的有着一条条堆雪的平原在起伏翻腾着，而当舰艇处于精疲力竭的时候，有一只信天翁展开双翼，顺着风向平稳地飞翔着。将近午时，一个巨浪翻滚到‘贝格尔’号上，灌进舰上的一只捕鲸艇里，因此就不得不立刻割断它的缆索而弃去它。可怜的‘贝格尔’号也因为受到浪击而颤抖起来，有几分钟甚至失去了控制。但是不久这只善良的军舰又恢复了正常状态，并顺风驶去。要是在那个巨浪以后接连再来一个巨浪的

达尔文塑像

话，那么我们的命运将很快结束了，并且永远结束了……”。菲茨·罗伊舰长决定放弃绕着火地岛向美洲西岸航行的尝试，而驶向朋松布海峡。他选出28人组成探险队，分别乘坐3只捕鲸船和一只舢板，渡过他们上次航行时发现的贝格尔河。当探险队进入北边支流时，地形开始变得更加壮观。支流北岸耸立着高达2 000米左右的群山，其中一座叫萨尔明托山，菲茨·罗伊把另一座山叫作达尔文山，用来纪念自己这位旅伴。

1833年2月26日，“贝格尔”号冒着大风向福克兰群岛驶去。达尔文在这个岛屿上进行了长时间的考察，走遍了全岛。岛上根本没有树，到处都被长在泥炭土壤中的硬草覆盖着。达尔文在海岸上进行了一项很有趣的观察，数一数巨大无毛海生蛞蝓属和白色海牛属所产的卵，它们一次就产卵约60万粒。虽然产下这么多的卵，但是长大的海牛属动物还是特别罕见。他还专门寻找长大的海牛属动物，但只找到了7个。要使如此稀有的长大了的海牛属动物保存下来，得死多少卵子或胚胎呢？也许，他这时正对那些海生苔藓虫类群体中的奇异个体感兴趣，因为海生苔藓虫类很像一个长着针状小嘴的鸟头，从卵子中伸出头来时张着很大的颚，摇摇晃晃。达尔文进行了观察，并且用细针去触动它们的小嘴，它们常常紧紧地咬住针尖不放，也就是说小嘴起着苔藓类群体保护或清洗的作用。

“贝格尔”号停泊在马尔多纳多港后，达尔文离开这只舰搬到市里去住，潜心进行考察、游览和博物学研究。只有恶劣的多雨天气和“贝格尔”号上同事来拜访，他才不得已暂时中断自己的工作。

达尔文对马尔多纳多四郊的飞禽走兽和爬行纲了解的特别清楚。除了他本人收集的外，还有当地的一些孩子为他服务。这些孩子为了挣得几个零钱，几乎每天都给他带来一些有趣的生物。

达尔文在这里观察了少量被吓破了胆的长着大颚的最大啮齿动物水豚。特别引起他注意的是在土中乱拱的具有鼹鼠习性的小啮齿动物——吐科鼠，因为这种鼠往常在地下通道的某处发出哼哼声，因此而得名。达尔文发现，许多吐科鼠的眼睛全瞎了，并且被一层皮肤从外面盖着，但这在它们本身的生活方式中，并没有造成任何不便之处。由此他想起了法国著名博物学家拉马克的“用进废退”论：每种动物在它的发展过程中，对任何一种器官使用得愈频繁、愈长久，就使这一器官加强、发展、增大；反之，对这个器官经常不使用，就会逐渐变弱、衰败，而它们的功能逐渐衰退，最后归于消失。

达尔文注意观察了与椋鸟相似的牛背黄鸟，这种鸟和杜鹃一样，把蛋下到别的鸟巢里，喜欢停歇在马

达尔文百余年前所收藏的鸟蛋

←达尔文画像

和牛背上。他在《考察日记》中指出，在北美洲有另一种牛背鸟属，它的颜色略有不同而且体形也较小。因此，这里有趣的是在同一洲的不同地方却发现了同一属的两种相似的鸟。达尔文还指出，牛背黄鸟属按其身体构造来说远不同于杜鹃鸟，但却练出了最强的适应力。达尔文经过观察确认，美洲鸵鸟属的雌鸵鸟自己不孵卵，而是经常把蛋下到同类的其他雌鸵鸟的巢里，而由雄鸵鸟来孵卵，所以，有时雄鸵鸟就不得不孵由各个雌鸵鸟下在一个巢里的卵。

达尔文还注意到了大批的美洲白兀鹫，这种鸟在南美洲是很普遍的，它们在美洲所起的作用相当于我们这里的乌鸦和喜鹊。这种美洲兀鹫经常和齐孟哥鹰、巴西白兀鹫在一起，成群地聚集在屠宰场和村镇附近。

细心的达尔文发现，某些巴西白兀鹫往南移时就逐渐消失，代之以其他种类的鸟。而分布在大陆上的那些鸟中的巴西卡拉鹰、齐孟哥鹰，在福克兰群岛上却看不到。这些独特的分布群引起了达尔文推测鸟类总起源的兴趣。

使达尔文感到吃惊的是，当地农村居民非常愚昧和落后，甚至连大庄园主和拥有几千头牲畜的牧主也非常愚昧无知。他们对达尔文能够使用指南针来

→达尔文纪念塑像

确定方向感到惊异，因为在单调的草原上不迷失方向是很难的。他们向达尔文提出各种问题，是地球还是太阳在运动，往南去更暖和些还是更冷些；他们或以为英国、伦敦和美国是一个地方，或说英国是伦敦的一个大城市；他们对船上的人每天洗脸一事也感到惊奇……

1833年6月，达尔文一次就收到了许多家书，有他最喜爱的妹妹卡萨琳的信，有姐姐苏桑娜和卡罗琳的信，还有他父亲在信中的附言。达尔文高兴得几乎要哭了。在他给姐姐苏桑娜的回信中写道："我希望并且确信，在这次航海中所花的时间，如果说用在其他一切方面都是浪费的话，那么对博物学来说将会是卓有成效的。在我看来，在知识的总积累中不论增添多么少的一点，与一个人可能追求的任何人生目标一样，都是值得尊重的。……对于地质学和无穷的生物研究来说，这是一次多么好的机会啊！如果我错过这个机会，我想我在坟墓中也不会得到安息的。我一定会变成一个幽灵并且出没于'英国博物馆'之中……"

达尔文于6月末携带着自己的全部小野兽，又搬到"贝格尔"号上来住，开始整理自己从马尔多纳多四郊获得的宝物，并分别做了简要的说明。"贝格尔"号于7月24日在闪电中向南沿着里奥内格罗的航线驶去。达尔文注意考察了海岸的地质情况，对一些看来是从遥远的安第斯山脉冲到这里的巨砾感到惊奇，参观了可以提取大量优质纯盐的盐湖，观赏了湖上的火烈鸟，考察了盐湖里的淤泥并参观了盐湖上的富裕居民。达尔文在里奥内格罗附近发现了一种新种鸵鸟，这种鸵鸟个子较小，两腿较短，腿上长着比较短的羽毛，全身羽毛颜色较深。后来科学家们给这种鸵鸟取名叫达尔文鸵鸟。

“贝格尔”号于1833年8月24日到达布兰卡港，过了一星期，又向拉普拉塔驶去。达尔文则离开军舰，要走旱路到布宜诺斯艾利斯去。这次他又去了离布兰卡港不远的彭塔阿尔塔，在约有1.5平方公里的地方继续勘察，收集化石。这次他的收获更多，至少挖掘出5种贫齿类即巨大的树懒科化石，大懒兽、磨齿兽、臀兽、巨树懒等。古生物学家奥温后来在整理达尔文的搜集物时判明，这些大小同大象或犀牛一样的动物，未必能像现代的树懒科一样爬上树去，但它们能用后肢站立起来，能靠像三脚架一样的一对粗厚的脚踵和一个大尾巴的支撑抱住树，把树捺倒在地，然后再去吃树上的叶子。他在这里发现了一只披有骨质甲片的大犰狳的遗骸。现代的南美洲犰狳与它一比，简直太小了。达尔文与向导在从海岸返回布兰卡的途中，抓住了一只犰狳，把它连甲烤熟，没够他们两个人吃。

在南美洲这个现在依然生存有树懒科和犰狳的地方（尽管现在它们的体形已经很小了），找到了树懒科和犰狳的化石。而且在这里挖出的贝壳，一部分是现代贝壳的样子，而另一部分则是接近于现代贝壳的样子。达尔文根据所挖掘出的臀兽骨骸来判断，这些遗骸还是新鲜的，并且和许多贝壳一起沉积到砾石里面去的时候，还被韧带连系着。因此，他判定这些遗骸是属于很晚的第三纪期的。毋庸置疑，这些化石直接关系着物种的起源问题，所以当时就已使达尔文非常感兴趣。

达尔文开始注意观察研究一些彼此相似的物种。在沙漠里最常见的诺丘鸟，按其习性和外貌来说像田

达尔文纪念塑像

→达尔文画像

鹬和鹌鹑。当这种鸟紧贴地面蹲伏着时，很难从它周围的地面背景上辨认出来。在拉普拉塔常见的灶巢鸟，它的颜色、叫声和跳跃式的奔跑，与在布兰卡港见到的同一属的另一种鸟很相似，但体形稍小一点。它们的主要区别是筑巢方式不同，前者用泥巴和干草在高处筑起外形象炉灶或蜂窝一样的巢，而后者则是把巢筑在通入地下6米之深的洞穴的底部。达尔文在往返的旅途中，发现哺乳动物和鸟类，无论是灶巢鸟，还是鸵鸟或犰狳，它们相似的形态都是互相更替出现的。

达尔文还很感兴趣地观察了各种动物都长有不同类型的保护生命的东西。比如说，三绊犰狳具有一种披甲片，分成三条能使身体弯曲的绊带，一旦遇到危险它就像刺猬一样蜷缩成一团，任何一条猎狗都不能用嘴把它那光滑的披甲咬住，只能使它像球一样在地上滚动。另一种小犰狳，当一遇到危险时就马上钻到松软的土里。他还碰见过蜥蜴，这种栖息在接近于海岸沙滩上的蜥蜴，身上有各种颜色的斑点，是一种极好的保护色，使它在沙滩上不易被发现。为了使自己不被发现，它经常紧贴在沙面上装死。假使这样还会受到惊扰的话，那么它就采取小犰狳的办法，非常迅速地钻到沙子里。

经过近20天的跋涉，达尔文来到了布宜诺斯艾利

←达尔文画像

斯。一星期后，他开始沿着巴拉那河到圣菲镇去进行一次新的旅行。道路完全被暴雨冲毁，泥泞不堪。在这里的草原上，鼫是主要的啮齿动物，它与住在它的洞里的小猫头鹰是形影不离的伴侣。在与布宜诺斯艾利斯的土壤和植物差别很少的马尔多纳多的四郊，却根本看不到鼫，因为乌拉圭河是鼫分布的终止线。在巴拉那河与乌拉圭河两河之间的地带，能经常见到鼫，可是在乌拉圭河以东，就见不到鼫的踪影了。这使达尔文想到，所谓在个别情况下，动物种类是为一定的环境、一定的地点而产生的看法是不正确的，因为乌拉圭河以东的条件对鼫的生存至少要比其他地方更有利。

达尔文有时走过桥梁，有时搭乘大桶做成的渡船，渡过了巴拉那河的几条支流河。途中，他找到了一些分散的骨骼和一些巨大的剑齿象牙齿化石。从科伦达到圣菲的路上全是穿过森林，路上能看到一些遭洗劫并被毁坏成瓦砾的房屋，还有吊在树上的印第安人的干尸，表明这段路是不安全的。10月2日，达尔文到达圣菲，马上感觉到这里的气候比较暖和，长满观赏树叶的商陆树在这里明显地高出许多，还能看到一些新的仙人掌品种和其他植物品种，也能看到不少新的鸟类。在巴拉那河东岸的圣菲巴雅达，达尔文细心地

在英国伦敦自然历史博物馆里，达尔文的塑像被放在高高的台阶上。

研究了这里的地质情况，在动物的遗骸中发现了一个巨大犰狳化石甲壳、剑齿象和柱齿象的牙齿，还有一颗马牙，后来研究认为这种马是早在欧洲马运入美洲以前就已在美洲绝迹的一个马种。

“贝格尔”号由于没有完成画海岸图的工作任务，决定把在蒙得维的亚的起航日期拖延到12月初。达尔文就再次登岸，深入到当时叫作班达奥利恩塔耳（现在叫作乌拉圭）的国家去旅行。在这次旅行中，他又挖掘出一部分磨齿兽的头骨、剑齿兽的头骨和几片大犰狳的甲壳。

1833年12月7日“贝格尔”号起锚向巴塔哥尼亚方向驶去，在汹涌的海浪和荒漠的原野中，“贝格尔”号的旅行生活又过去一年。物种起源的线索愈来愈广泛地在他面前展开，引起了他的浓厚兴趣。这一年的研究工作是在十分艰苦的困难的情况下进行的，要有十分耐心、孜孜不倦和坚韧不拔的精神，要有善于研究分析和作出正确判断的才能，要有能够博得当地居民信任的本领。如果说达尔文在青年时代作为一个采集家、收藏家和猎人已初步表现出了这些品质的话，那么现在他已锻炼成为一个善于思考、善于给自己提出问题并且设法解决这样或那样问题的博物学家了。

从猿到人的进化过程

“变”与“不变”的最好印证

> 对于不可思议的自然现象，必须用自身的眼观察才会感到惊异。
>
> ——寺田寅彦

1834年1月，“贝格尔”号停泊在一个良好而宽广的海湾圣胡利安港后，达尔文、菲茨·罗伊和部分水兵一起向这个地区的腹地走去。经过一段时间的跋涉，大家都疲惫不堪，特别是带着沉重工具和双筒猎枪的菲茨·罗伊。由于到处都没有淡水，大家感到口干舌燥。当他们登上一个山丘后，发现很远的地方有两个闪闪发光的湖。可是大家都已筋疲力尽，谁也不敢到那里去。因为如果去了，看到的是两个盐湖的话，那么就会渴得浑身无力而走不回来。达尔文自告奋勇地要单独去察看一下，如果不是盐湖，再用信号叫其他人过去。大家都不安地目送着他，他下了山丘后走到一个湖边，从这个湖边又失望地走到另一个湖边，察看一番后缓慢地走了回来，不用问，这一定是两个盐湖。

→达尔文画像

1834年2月至3月间，“贝格尔”号主要在火地岛周围进行了测量。3月10日，“贝格尔”号停泊在福克兰群岛的巴尔克里湾。达尔文在这里继续顽强地、毫不动摇地进行自己的博物学研究工作。他带着两名高楚人，环绕着这个岛的部分地方进行了一次旅行，不管是寒冷的天气，还是夹杂着冰雹的雨天，也不管是只有地质意义的不毛之地，都阻止不住他。

在旅途中经常碰见一小群大雁和田鹬，而野牛和从前法国人运到这里来的马匹，却吸引了达尔文的主要注意力。他注意观察到高楚人非常灵敏地往野牛脖子上投套索，向野牛后腿的主腱上用刀一刺，使它再也不能迅速地向前奔跑，刹那间就把刀刺入脊髓的顶端，然后就把这头牛杀死了。他和高楚人一起吃野牛肉，为了不使一滴肉汁流失，他们连皮一起烧烤。由于这里常常是把容易对付的母牛杀死吃肉，所以剩下的大量的野公牛便常常和野马一起凶猛地向人冲过来。

特别重要的是，达尔文发现了在福克兰群岛上，变野了的牛不断繁殖增多，而且具有健壮结实的特点。而一群群的野马却不断地退化，它们个子长得不大，许多野马都患有跛脚病，所以小马经常死掉。达尔文认为，马的跛脚病是由蹄子变长所造成的。至于小马的死亡，他认为是由于公马强迫母马抛弃小马而造成的。变野了的家畜向达尔文清楚地表明，生物是在不断地优化品种而适应新的生存条件。

两种事实向达尔文提出了辨别物种的本种和变种的问题。在福克兰群岛上的野生动物中，有一种家兔，它的分布情况像野马 一样，只局限于该岛的东部。一些法国博物学家认为其中的黑兔是变种的品种，而法国生物学家居维叶则认为是一种单独的品种。达尔文经过详细向高楚人了解得知，黑兔和灰兔的分布情况是一样的，它们栖息在一起，相互交配，并生育出杂色后代。狼形狐是分布在福克兰东西两岛的唯一最大的哺乳动物，这是一种好奇而又肆无忌惮的野兽，它能钻进帐篷里，甚至能把放在枕头下面的肉拖走。菲茨·罗伊舰长坚持说，这是一种叫作南美洲狐的变种，它可能是在某些漂浮的树干上被水流冲到福克兰群岛上的。可达尔文却认为，这是只有在福克兰群岛上才有的一种特殊的种。

→达尔文画像

达尔文与高楚人一同的旅行是在困难的情况下进行的。几场夹杂着冰雹和雪的大雨使马常常滑倒，最后不得不涉水过河，水淹到了马背处。等到回来时，全身都湿透了，冻得直发抖。

直到1834年6月，“贝格尔”号才结束对南美洲东岸的测量工作，经麦哲伦海峡向西岸驶去。7月23日到达了智利的主要海港瓦尔帕来索。这是一个距智利首都圣地亚哥仅100公里的大城市，坐落在一排特别鲜艳的红壤土大山丘的山麓旁，远处显现出山峦起伏的科迪列拉山脉的轮廓和圆锥形的阿康卡瓜火山。达尔文在这里遇见了他的老同学和老朋友李察德·科尔菲德，感到万分高兴，就住在他的家里。就在瓦尔帕来索，达尔文收到了汉斯罗于1833年1月15日和1833年12月12日两封来信，他高兴得简直不得了。由于“贝格尔”号经常航行，难于事先知道停泊地点和时间，所以来自英国的信有时一年，甚至更长一些时间还到不了达尔文的手里。汉斯罗在信中对达尔文的搜集物评价特别高，建议他把搜集物的复制品寄来。达尔文虽然意识到这个意见是正确的，但是他说，他在海上经常患晕船病，所以不能工作太久。他写信告诉汉斯罗说：“我的笔记篇幅已很大，四大开的纸我都写满了，有600小页左右；一半是地质学，另一半是对动物不完善的记述；对于动物，我照例是描绘那些泡在酒精中保存起来的标本中无法看到的部分或事实。”

他在这封信中，还与汉斯罗交换了对一些动物的各种各样的印象。关于他们以前未见过的长着摇晃的鸟头和迅速移动的长线状物的苔藓动物的类型；关于他们在热带潮湿土壤中发现的涂有鲜艳色彩的陆生真涡虫；关于他原来认为是水母，而实际是一种结构极为复杂、“无法归入任何一个现存的目”的浮游动物科等等。

“贝格尔”号在瓦尔帕莱索港停泊了4个多月，达尔文饶有兴趣地考察了仅次于喜马拉雅山脉的安第斯山脉的地质结构，登上了海拔1820米的钟山，浏览了心浮岛著称的塔关湖。就在这期间，由于发生了菲茨·罗伊舰长辞职风波，“贝格尔”号差点被迫抄近道由大西洋返回英国。但是经过大家的努力，环球旅行又继续开始了。

1834年12月13日，“贝格尔”号到达了乔诺斯群岛。这个岛上的山毛榉树特别多，特别是苔藓植物、地衣植物和小型蕨类植物种类繁多，数量很大。达尔文从这个岛上的为数极少的哺乳动物中发现了两种水栖动物：一种是小海獭，它不仅吃鱼类，而且也捕食大量漂浮的小螃蟹；另一种是啮齿动物鼩鼱，它长有一个又大又长的尾巴，一身珍贵的漂亮毛皮。此外，在这里还捉到一只当地小鼠，这种小鼠在许多岛屿上都有，这引起了达尔文的深思。

在奇洛埃岛和乔诺斯群岛，可以经常遇到一种红胸脯的鸥。这种鸥有各种不同的叫声，当地居民认为有的是吉祥的预兆，有的是不祥的预兆。还有一种身体较大的“吉德”鸟，它的叫声像小狗。更有趣的是，这些鸟虽然特殊，但却与智利中部的土耳其鸟和塔巴科洛鸟有血缘关系。

这一地区的海面上飞翔着一些凶猛的大海燕，其中一种称为别拉德的海燕，使达尔文感到特别惊讶。

←达尔文画像

从它的习性和身体构造来看，并不接近于它实际上属于的那一科。一受到惊吓，它就钻进水里，在水下游过很长时间，然后又从水中飞到空中，在空中直线飞行一段距离后，就像石头一样直掉下来，重又潜到水里去。它的嘴和鼻孔的形状，腿的长度，都明显地证明它是海燕。但它有潜水的习性，脚爪上没有后趾，翅膀短，从远处看又接近于与它相似的海鸠。

1835年2月4日，“贝格尔”号离开奇洛埃岛，向北航行。3月8日，达尔文开始考察他早就向往的科迪列拉山脉。他看到，在科迪列拉山脉的一些主要河谷的两侧2至4千米的高处，隆起了一片片由粗糙成层的砾石和沙土组成的阶地。达尔文认为，这里的地质现象和南美洲东岸的地质现象一样，而南美洲东岸的地质史主要归结为这些海岸在逐渐上升。这些阶地是在海水浸没智利的时候沉积下来的。因此，无论是在地质论文中，还是在生物学理论中，达尔文都是赖尔的拥护者，也成了那些认为科迪列拉山脉是一下子形成的灾变论者的强烈反对者。

随着向山脉攀登高度的增加，植物逐渐减少，出现了一些漂亮的高山花，而禽兽和昆虫却几乎见不到了。达尔文在描述这条山脉所具有的特征时指出：“第一是河谷两边平坦的阶地，这些阶地有些变为狭长的

←达尔文画像

平原；第二是具有鲜亮颜色的险峻的斑岩山丘，主要是红色和紫色；第三是巨大而且接连不断的像墙壁一样的岩脉；第四是一些明显地分裂开的地层，当这些地层呈直立状时，就形成美丽如画、奇特的高峰，在它们呈较倾斜状态的地方，就构成一些沿着主脉边缘的巨大的高山；第五是美丽的、颜色鲜明的岩石片所构成的光滑的圆锥形石堆，它们从高山基部耸起，有很大的坡度，有时达到2 000多英尺的高度。”

达尔文于3月20日晚好不容易才走到锅形谷地耶索谷，第二天到了山脉的山麓下，这条山脉成为分别流到太平洋和大西洋里去的河水的分水岭。从那里开始道路变得蜿蜒险峻。在山脉的中部，有红沙层、砾岩层和变为厚石膏层的石灰质的泥页岩，覆盖在巨大斑岩上。大约中午时分，考察队开始攀登彼乌克涅斯山脉，在这里立即感到呼吸困难。有人劝达尔文吃棵葱来克服呼吸困难，但最有效的良药莫过于贝化石了，因为达尔文在搜集贝化石的时候，就马上“忘掉”了呼吸困难。

在这里，达尔文以他博物学家的敏锐目光，注意到了好像是骡蹄子留在雪上的血迹斑斑的红色踪迹。开始他以为是从周围的斑岩上吹过来的灰尘造成的，但用纸一擦，纸面上却留下了一种略带砖红色的痕迹。后来他把残迹从纸上刮下来，发现是由一种极其微小的水草的微粒所组成，这种微粒时常把北极地带的雪染成红色。

回来的时候，达尔文一行走的是科迪列拉山脉东坡的下山路。虽然比太平洋那面的山路近一些，但却陡很多。东面河谷里的一些植物和智利那一面河谷里的植物完全不同，尽管两处地方的气候和土壤属性是相同的。同样的差别后来在哺乳动物方面也得到了证

达尔文画像

实，大西洋海岸一带的老鼠（13种）全都与太平洋海岸一带的老鼠（5种）不同。在鸟类和昆虫方面也可以证实同样的差别。然而，科迪列拉山脉东坡的植物和动物，与比较远的巴塔哥尼亚的生物却是非常相象的。刺鼠、豁、犰狳科的3个种，鸵鸟、雷鸟的几个种，所有这些都说明了潘帕斯平原的动物特征，而达尔文在智利那一面连一个这样的种也没有发现。在这里还遇见了很多类似巴塔哥尼亚的多刺的灌木、干枯的草和小植物，还有爬行缓慢的黑色甲虫。所有这些都说明，像科迪列拉山脉这样大的障碍物，对于生物分布的影响，要比距离遥远还要大得多。

达尔文从科迪列拉山脉下来后，又于3月29日出发，经乌斯帕利亚塔山口返回智利。乌斯帕利亚塔山脉在门多萨的北面。他不得不在有些长满低矮仙人掌的荒漠里步行了70多公里。太阳灼热，扬起阵阵细微的尘雾，并且没有水喝，这给他们带来了很大困难。在24天内两次翻越科迪列拉山脉后，于4月10日到达了圣地亚哥，不久又返回到瓦尔帕来索。随后，他又开始到智利北部地区去旅行，考察了沿海城市科金博、瓦斯科和科皮亚波。在途中，达尔文从事了大量的地质调查。在科金博使他特别感兴趣的是阶梯形的砾石阶地，在这里也像在智利的其他地方一样，都证明了

←达尔文塑像

阶地是由于海水的冲刷而形成的，并证明了陆地逐渐上升的过程。7月4日，达尔文在科皮亚波城的港口登上了来接他的“贝格尔”号。7月19日，“贝格尔”号驶进了秘鲁首都利马的沿海港卡亚俄里面。这里气候寒冷，天空经常乌云密布。正在发生流行疟疾，是由一种来自沼泽中的有害气体——“瘴气”导致的。

1835年10月28日，“贝格尔”号从南面驶抵加拉帕戈斯群岛中的最大岛屿——阿尔贝马尔岛。达尔文在岸上考察了一个很大的椭圆形火山口，在火山口底下有一个蓝色的浅湖。难以忍受的炎热和灰尘使达尔文喘不过气来，于是他急速地走到浅湖处，贪婪地去喝水，但是水却咸得很。在沿岸的悬崖峭壁上，有很多灰黑色大蜥蜴，它们差不多有几米长。而在丘岗上，则有很多另一种蜥蜴在跑来跑去，这种蜥蜴呈棕褐色，样子很难看。前一种蜥蜴，脚上长有一种能游水的蹼，蹼的边缘处被蜥蜴的尾巴压成扁状。这种蜥蜴常常能游到离岸好几百米的地方。达尔文把这种蜥蜴的胃剖开后，发现它们吃的几乎全是海中的藻类。这种海里的蜥蜴在所有的岛上都能看到。陆地上的那种蜥蜴，

蜥　蜴

尾巴是圆的，脚趾间没有蹼。这种蜥蜴只有在阿尔贝马尔岛、詹姆斯岛、巴林顿岛和英第法替给勃尔岛上才能看到，而在南面和北面的很多岛上却碰不到。陆地上的蜥蜴也吃植物。它们吃仙人掌、各种树叶，特别是洋槐树叶和一种酸果。

达尔文在对生长在加拉帕戈斯群岛的动物和植物做了调查之后，得出了一个使人很感兴趣的结论：鸟类、爬虫类、昆虫和其他一些种类的生物，都是这些岛屿上的“原有居民”，在其他地方是见不到的。从各个岛屿上的乌龟之间的差别也可推及至其他各类动物。同时它们又都表现出与生长在美洲的动物有着明显的种属关系，尽管560海里这一广阔的海洋地带把它们同大陆隔离开来。当然，更确切的结论是他在回英国后经过专家们对收集品进行整理加工后得到的。毋庸置疑，这些事实本身达尔文当时就已经看清楚了。例如，他在这里曾经找到了一只特殊的、对美洲大陆来说是十分典型的白兀鹫，还有1只凤头鸡、3只非常厉害的翁鸟和1只斑鸠。这些动物都和美洲的很相似但又有所不同。特别有意思的是几只花鸡，它们的种类不同，嘴的形状也不同。有宽形的，像蜡嘴雀的嘴；有中等类型的，像海雀的嘴；有尖细的，像知更鸟的嘴；还有一类，很像旋木雀的嘴。

所有这些观察对达尔文进化观点的发展具有重大意义。按照当时博物学家们所持有的观点来看，动物和植物是由“理性的始因”为它们所预先决定的要生存于其中和它们正在其中生存的那一环境而创造的。因此，根据这一观点，在这些离大陆很远的土壤性质相同的热带岛屿上的动物群和植物群，都应当是相同的，即使这些岛屿彼此距离很远（像佛得角群岛和加拉帕戈斯群岛那样）也是如此。但是达尔文惊异地发现，事实并非如此，恰恰相反，位于热带美洲以西的加拉帕戈斯群岛上的动物群和植物群，却与美洲的形态接近。而佛得角群岛上的动物群和植物群则与靠近大陆即非洲的动物群和植物群接近。同时，虽然岛屿上的动物和植物与靠近大陆上的动物和植物接近，但它们毕竟不同，前者以其一定的特征而区别于后者。这就使人们认为它们都是由一个共同的根源产生的，因此使人们认为物种是可变的，物种是进化的。

1835年10月20日，“贝格尔”号从加拉帕戈斯群岛向西航行，11月15日，到达旅行史上有名的塔希提岛。在这里，达尔文看到了非常好看的热带植物——香蕉树、橙子树、椰子树和面包树，而在开辟出来的空地上，则有种植的参薯、西洋甘薯、甘蔗和菠萝。长着极其好看的大叶子、叶子上又有很深切口的面包树是塔希提岛独有的热带风景。

1835年12月20日，“贝格尔”号开始了在无边无际的太平洋、印度洋和大西洋上航行。途经新西兰，到达澳洲海岸。达尔文考察了澳大利亚的悉尼、塔斯马尼亚等。以后，“贝格尔”号又绕过了毛里求斯岛和马达加斯加岛，抵达南美洲海岸，达尔文又对圣赫勒拿岛和达亚森松岛进行了考察。1836年10月4日，“贝格尔”号返回英国，达尔文历时5年之久的环球旅行生活结束了。

达尔文对生物的研究逐渐进入了痴迷的状态。

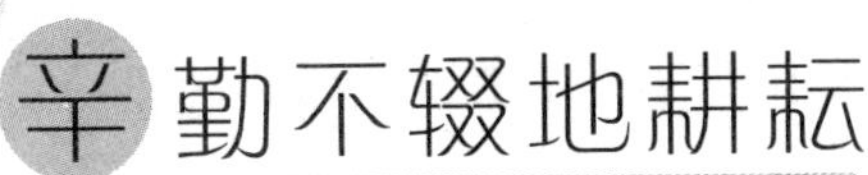

辛勤不辍地耕耘

人的天赋就像火花，它既可能熄灭，也可能燃烧起来，而使它成为熊熊烈火的方法，只有一个，那就是劳动，再劳动。

——高尔基

1836年10月5日，达尔文结束了长达5年的环球旅行回到家里。看到达尔文胜利归来，全家人都特别高兴，甚至连仆人们都痛饮了一番。父亲和姐妹们高兴地看到达尔文更加成熟了，更加善良可爱了。这时的达尔文已经是一个能够提出、研究并解决许多科学问题的人，且经常精力充沛地进行劳动和观察。

回到施鲁斯伯里的第二天，达尔文就开始把自己带回来的搜集品按专家的意见进行分类整理，并写信给汉斯罗，询问他是否在剑桥。达尔文要好好同汉斯罗谈一谈，因为他知道，汉斯罗不仅在他的一切创新中会给他出最好的主意，而且还会帮他的忙。他还很快取得了赖尔、格兰特和解剖学家、古生物学家澳温的帮助。

1836年10月底，达尔文把自己的搜集品从“贝格尔”号上卸下来运往剑桥。一个货舱里装有差不多半吨重的生物和地质标本，实际上这仅仅是达尔文搜集的大量标本中没有预先送走而留下的部分。12月10日他来到剑桥，起初住在汉斯罗教授那里，后来他租了单独的一个房间，在这里集中精力检查他的地质搜集品，写《一个博学家的考察日记》。在此期间他还在动物学会上做了《关于美洲鸵鸟》的简短报告，在地质

←达尔文画像

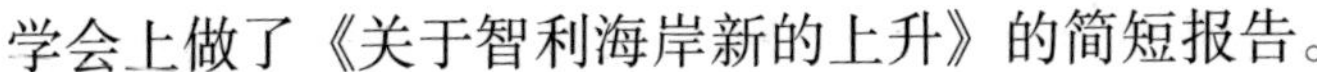

学会上做了《关于智利海岸新的上升》的简短报告。

1837年春天，达尔文从剑桥来到伦敦，住在大马尔勃罗大街，一直到9月份。这期间主要是对《日记》进行加工整理，并且还做了几场关于地质方面的报告，受到了地质界的赞扬。达尔文在结束《日记》时，再一次重新考虑了加拉帕戈斯群岛给他留下的印象。而物种起源问题又非常复杂地摆在他的面前，他认为，应该学习赖尔在地质学方面作出的榜样，首先搜集与动植物的变异现象有某种关系的事实。正如他本人在自传中所说的，他是以真正的培根精神在工作的，不受任何带有偏见理论的影响，广泛地搜集主要与人工培育的品种有关的事实，利用出版的著作，同有经验的畜牧学家和植物栽培学家保持联系。

他以前从来没有这样忙过。这种活动是符合他的科学研究愿望的，但是留给他从事其他工作的时间就太少了。在旅行结束时，他曾向往将来能生活在施鲁斯伯里，生活在他亲爱的父亲和姐妹们中间，而现在他在几个月的时间里好不容易才能找到一个星期的时间来故乡小住，享受同亲人们团聚的欢乐。

1837年秋天，达尔文生了一场疾病。其症状是消化不良、头晕、眼花和易受刺激。关于病因，众说纷纭，他在“贝格尔”号的同事谢利万认为，在5年的环球旅行期间，经常饱受晕船的折磨是他得病的原因。他的父亲则认为在瓦尔帕来索害的病是影响达尔文健康的主要原因。达尔文在繁忙中休息了一个月，他到了施鲁斯伯里和梅尔，甚至到怀特岛拜访了堂兄福克司。他在梅尔期间，曾对蚯蚓和蚯蚓对土壤的形成作用做了首次考察。深秋时分，他在地质学会上做了一个《关于腐植土在蚯蚓作用下的形成》的报告。无论是在航行期间，还是在这以后的几年里，达尔文虽然首先是一个博物学家，但他用的时间最多的却是在地质学方面。他在航行中带回了那么多这方面的新东西，以致他能够在短时间内就作出很多不同的饶有兴趣的

达尔文在梅尔期间，曾对蚯蚓和蚯蚓对土壤的形成作用作了首次考察。

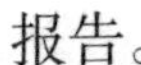
报告。

地质学会很自然地希望这个在地质学方面崭露头角的巨人能参加学会工作，因此打算邀请达尔文担任学会的秘书。达尔文很长时间内一直婉言谢绝，借口是自己在英国地质学方面缺乏必要的知识，况且秘书工作要花费大量的时间，因而就会影响自己的地质著作进程。但是，1838年2月26日，盛情难却的达尔文终于接受了地质学会秘书的工作。

达尔文在1837年冬至1838年期间，首先考虑的是他在“贝格尔”号旅行时所搜集的动物学和地质学方面的材料，而物种问题一直是萦绕他脑际的一个重要课题。他在给赖尔的一封信中写道：“最近，我可悲地受到了使我懒惰的诱惑，这就是由于大量的新观点经常不断地涌现在我心头而使我懒惰，它们同物种问题有关。一本又一本笔记抄满了许多事实，这些事实清楚地聚集在一些次要法则的周围……”。达尔文在从福克司那里得知关于某些动物的杂交的情况后，写信给福克司表示了如下一种志愿：有朝一日他一定能在物种和变种这一最复杂的课题中有所作为。

1839年1月29日，达尔文同他的表姐埃玛·韦奇武德在梅尔的教堂里举行了婚礼，当时的达尔文还差两个星期就满30岁了，埃玛比他大1岁。度完短暂的

←达尔文与妻子

蜜月，达尔文带着新娘一道回到伦敦。由于双方父亲的慷慨资助，他们在上高尔街12号租到一座漂亮的、有阳台的房子，夫妇之间互敬互爱，过着美满幸福的生活。由于在环球考察期间饱经风霜，历尽艰辛，在以后40年的时间里达尔文身体一直不好。埃玛温柔体贴，总是无微不至地照顾他。她同达尔文一起度过休息时间，给他弹钢琴，为他读小说，陪他去散步，凡是可以减少他的烦恼、使他不过度劳累能够减轻他病痛的事情，埃玛从来没有漏过一件，这更增加了达尔文战胜疾病去完成自己伟大事业的信心和力量。因此，从这个意义上说，在达尔文后来的一切成就中，也都凝聚着埃玛的一份心血。

“她是世界上最善良的妻子”，达尔文和他的朋友谈到埃玛的时候总是这样说。“她的价值比等于她的体重的黄金还要宝贵！”

婚后，达尔文夫妇几乎放弃了社交活动，过着非常安静、深居简出的生活。达尔文一边同疾病作斗争，一边继续整理自己的地质论文。在1841年出版的著名论著《珊瑚礁》中，他通过描述对环形岛、珊瑚岛的考察，批判了过去关于在火山口或在由沉积物变来的水下浅滩上形成大群岛的环礁的假设。他在论述中指出：堡礁是由岸礁形成的，而环礁是由堡礁形成的，这一方面是通过陆地缓慢下沉，另一方面是通过暗礁的珊瑚增高来进行的，而这种增高过程就使珊瑚在阳光、氧气和水分都十分充足的有利条件下生活。

1842年9月14日，达尔文一家人搬到了唐恩村的新居。他们请人对房子进行了维修，又让人把周围的杂草、灌木砍去，开辟了花园、菜园和试验地。从此，达尔文就在这个幽静的环境里专心致志地从事研究和写作，直到他生命的最后一刻。

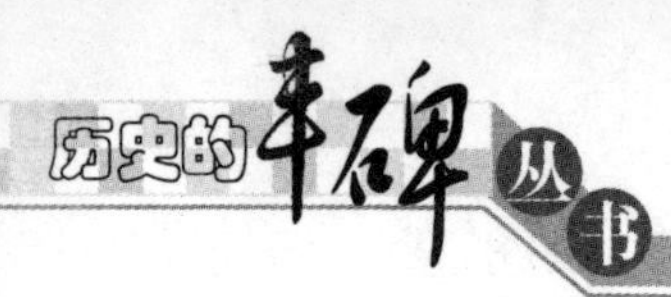

来到唐恩村以后，达尔文给自己制定了严格的作息时间。他清晨7点起床（夏天改为6点）在花园里散步，7点45分吃早饭。一天分成3段时间来工作，上午8点半到11点半，下午1点半到4点，晚上5点半到7点半，中间休息的时候散步或者听埃玛朗读小说。晚饭后，不是听埃玛弹钢琴，就是和她下双陆棋，10点钟就寝。这份作息时间表，他除了去伦敦开会和度过罕有的假期或者由于疾病不能起床以外，整整坚持了40年之久。难怪达尔文说："我的生活过得像钟表那样规则，当我生命告终的时候，我就会停在一个地方不动了。"

达尔文故居

达尔文在工作的时候，是任何人都不能去打扰的。可是当他后来已有了5个男孩和2个女孩的时候，要做到这点就很困难了。一天，他的不满4岁的三儿子弗朗西斯鼓起勇气敲了爸爸的门，达尔文开门一看，只见儿子伸出肮脏的小手，手心里托着6便士硬币。原来他想用这笔“巨款”收买爸爸同他一起去玩。

达尔文本想照例“警告”一番，指出这种行为是不符合规定的。可是，他看到眼前这个天真可爱而又好笑的孩子，皱着的眉头又舒展开来，无可奈何地丢下手头的工作，拉着弗朗西斯的小手到花园里和孩子们玩了一会儿。

《珊瑚礁》一书出版后，达尔文在1842年秋着手撰写他在“贝格尔”号旅行时访问过的火山岛地质方面的著作。在描写位于大西洋和太平洋上的火山岛时，达尔文的眼前又清晰地浮现了考察该岛时的景象，他对火山岛的印象是多么深刻啊！在他面前出现了火山岛的地质剖面：最底层是火山岩，他认为是在海底上面流动的；中层几乎都是第三纪初期延伸到海里的石灰石的水平层；最上层是晚期形成的熔岩，它是该岛从海中上升后由锥形喷火口流出来的，并且稍微把最接近于喷火口的一些石灰层变了形。达尔文强调指出，大多数海洋上的岛是火山岛。他反对当时的权威列·

←达尔文的妻子

冯·布赫把所有火山岛分成两类，一类是中心火山岛，它周围几乎在各个方向都有大量的喷溢物；一类是火山岛山脉。达尔文认为，那些中心火山岛是不存在的。当然，在每一群火山中，总有一个高于一切的火山。

该书是在1844年2月中旬完稿的，同年春末就问世了。紧接着，达尔文又开始辛勤劳作，把目光瞄向又一个新的目标。

《物种起源》的孕育和问世

真理是永恒的太阳，世界不能推迟它的到来。

——菲力普斯

达尔文结束环球旅行回国后，脑海中一直萦绕着物种发生变化及生物进化的问题。环球考察中的大量科学事实仍历历在目，特别是各种生物所表现出来的对于环境的适应性，更让他惊叹不止。“为什么物种在空间和时间方面表现了某些联系？为什么加拉帕戈斯群岛上的动物和南美动植物如此相像，但又有所不同？为什么南美最新地质年代的动物和今天存在于该地区的动物在形态上相似，而在属或种上又各异？”

1838年10月的一天，达尔文偶然阅读起马尔萨斯的《人口论》，书中提到的生存斗争理论使达尔文茅塞顿开。马尔萨斯认为，任何一个生物为了生存，必须与别的生物争夺食物、阳光、空气和场所等生存条件。胜利者继续活下去，失败者则灭亡。由此达尔文想到，在自然界到处存在着生存斗争，在不同的条件下，对

←达尔文纪念画像

于保存个体生命有利的变异就会使生物有比较好的生存和发展机会，而且这种变异又通过遗传给下一代而继续保留，一代接一代，逐代积累，从较小的变异转为较大的变异，又通过中间类型的灭亡，结果变种就转为界限分明的新种了。反之，对于个体生命有害的变异则逐渐消亡。

1842年6月，达尔文开始用铅笔草拟他的相当完整的《物种起源》的概要，这份概要当时只有35页。经过两年多的缜密思考后，到1844年夏天，关于物种起源的新提纲已扩充为231页，变成厚厚的一本了。在写完这部著作以后，他明白了这个问题是多么重要，虽然他的理论面临各种困难，但他越来越相信它的正确性。他认为，有威望的博物学家接受这个理论是科学上的巨大进步。但他同时也感到，他的结论与大多数学者的意见和看法相距甚远，甚至是格格不入的，如果现在要出版自己的概要，就会孤立无援。他还清晰记得，赖尔曾无情地讥笑拉马克说，学术界曾强烈地讥笑过老的进化论者和生物变化论者，认为他们是幻想家。自己要投入到这激烈的斗争中去，健康状况能不能够允许他完成这个艰巨的任务呢？假如他突然死去怎么办？到那时候，他的理论，他的整个思想，大量的手稿和资料，不是也全完了吗？难道所有这些

←达尔文写作《物种起源》的书房

都要同他一起毁掉吗？

达尔文在脑海中逐一回想起自己所熟悉的博物学家，以便确定他们之中谁能够担当起他的事业，批判地研究他所搜集的全部材料，用确凿的事实充实他的每一个论点，接替他写出未来的著作。他知道，这项工作需要大量时间，因此，还必须在物质上给予支持。达尔文忧心忡忡地想了很久，最后想到，尽管赖尔相信物种不变论，汉斯罗相信神创论，但是他们的学术水平都比较高，一贯器重自己、支持自己，提纲的手稿交给他们还是比较合适的。于是，他提笔给他最亲近的人和朋友——妻子埃玛写了一封像遗书的信，夹在《物种起源》的手稿里。这封信中写道：

……我刚刚扩充完我的物种理论概要。我想，即使将来能有一个有资格的裁判者接受我的理论，那也将是科学上的一个相当大的进步。

如果我骤然死去的话，这封信就算是我最庄严和最后的遗愿。我确信，你会认为这同依法写在我的遗嘱上是一样的。我请求你拨出400英镑来作出版费用，请你自己或者通过朋友来努力实现我的遗愿。我希望你把我的原稿和那笔钱一起交给一个有资格的人，以便促使他努力修改和扩充概要。我将把我在博物学方面的全部书籍交给他，这些书或者画上了着重线，或者在书的页底指出了请着意检查和注意的页码。请他仔细看一看，并且考虑一下这些章句是实际涉及还是可能涉及这个题目……

至于编者，如果赖尔先生愿意承担，那就再好不过了。我相信他对这个工作会感到愉快，并且可以得到一些他所不知道的事实。编者必须是一个地质学家兼博物学家，因此，第二个合适的编者是伦敦的福勒斯教授。还有一个合适的人是汉斯罗教授，他是一个在很多方面都是最好的人。虎克博士也很好……

达尔文想，赖尔、福勒斯、汉斯罗、虎克，也许是他进化论的知音。赖尔和汉斯罗前面已经谈到了。福勒斯和虎克是两个新人物，这里简单介绍一下。

福勒斯是达尔文确定的第二个人，他好像从来没有与达尔文特别接近过。他既是地质学专家，又是动物地理学专家。他曾是地质学会博物馆保管员，后来又荣获爱丁堡大学博物学教授。他比达尔文小6岁，给同代人留下的印像是头脑非常灵活，精明能干。福

←达尔文纪念画像

→达尔文画像

勃斯最著名的著作是《关于海生物在地中海不同深度的传播》和《关于不列颠群岛的现代植物区系和动物区系在分布中的关系及在洪积世期间群岛上的地质变化》。

约·达·虎克比达尔文小8岁，是1839年与达尔文相识的。当时，虎克正在特拉法加街心公园与一个曾经参加过“贝格尔”号舰航行的军官散步，达尔文和他们不期而遇。虎克认识了慕名已久的达尔文，感到十分荣幸。那时虎克只是一个22岁的青年，正准备志愿参加一次远航——南极探险。由于虎克的父亲和赖尔的父亲是好朋友，老赖尔十分关心虎克想成为博物学家的计划，就把从儿子赖尔那里得到的达尔文的《“贝格尔”号一个博物学家的日记》的校样借给虎克阅读。虎克得到这本日记后如获至宝，爱不释手，甚至藏在枕头下，以便醒来阅读。他当时感到，与达尔文作为博物学家在环球旅行时所表现出来的多方面的知识和才能相比，自己还相距很远。因此，虎克与达尔文的初次见面时间虽然很短促，但是他们一见如故。虎

←达尔文画像

克参加南极探险归来不久，便与达尔文建立了通信联系，交流各自的新发现，探讨一些新问题，他们之间的友谊与日俱增。

从1846年到1854年，达尔文用了整整8年时间对蔓脚类动物进行研究。这个时期，达尔文患病的次数比他一生中任何时候都要多。对他打击更大的是家里发生了两次不幸的事故。一次是他父亲多次中风以后，在1849年11月13日去世了，使他很悲痛。另一次，是使他更加伤心的一次，是他10岁的小天使、女儿小安东尼在1851年4月23日被猩红热夺去了生命。一次又一次严重的打击，并没有动摇达尔文对事业的追求，他都像钉在他书桌上方那张卡片上的座右铭写的那样："坚韧不拔"。他擦干了眼泪，怀着沉痛的心情去研究他的蔓脚类动物去了。

1851年到1854年，《蔓足亚纲》分4卷陆续出版，正如达尔文自己说的那样，蔓脚类的研究"对我是相当有用的，因为我必须在《物种起源》一书中讨论自然分类的一些原则。"的确，这些研究工作不但使他赢得了"杰出博物学家"的声誉，而且使他在写作《物种起源》的时候能够得心应手。1856年5月初，达尔文开始认真地写作《物种起源》一书。他认真研究1844年写下的有关这个问题的笔记，并注意搜集一些

达尔文画像

事实资料。他在家中养了许多珍奇品种的鸽子，研究在鸽子身上表现出来的非常鲜明的亚种和变种的多样性，他还细心地观察和研究了家兔和鸭。

达尔文还搞了一个只有6平方英尺的小小“种子植物园”，以便对两种植物进行观察统计：一种是长期种植的，另一种是在15年内自然生长的。正如他在给虎克的信中所写的那样，知道什么样的植物增加了，而什么样的植物绝灭了，这使他感到非常愉快。大量的幼苗给他留下了强烈的印象，而更强烈的印像是大量死亡的幼苗。他感到惊奇的还有，幼苗之死与其说是一部分幼苗压倒了另一部分幼苗，不如说是被蜗牛弄死了。他在慕尔公园长有老松的山丘上，细心观察了那些被围起来的地段和未被围起来的地段之间的差别。在被围起来的地段上，在一群松树周围，长出了很多小树，它们好像是被人有意栽到这儿的。而在未被围起来的地段上，什么都没有，找不到一棵小树。但是，当他走到跟前时，在那里找到了几千棵全都不

→达尔文塑像

高于3寸的小松。因为牲畜经常把这些树尖啃光，所以树干不高于一根火柴棍，但根据年轮来判断，树龄却在25年以上。

为了更好地了解植物变异问题，达尔文还同美国植物学家、哈佛大学教授爱沙·葛雷建立了通信联系。他在第一封信里请爱沙·葛雷教授帮点小忙，检验一下他所研究的动物变异结论是否适用于植物。爱沙·葛雷非常乐意地答复了达尔文所提出的要求。除了写信和邮寄美国高山植物统计表外，还把他自己新版的植物学课本寄给了达尔文。爱沙·葛雷由于受达尔文的影响，撰写和刊出了一篇《北美和美国植物区系的统计》。达尔文收到这篇论文后，对爱沙·葛雷所作出的关于大属的物种总是有着广泛的分布范围的结论非常感兴趣。这个结论同达尔文从分析其他植物区系所得的结论以及他的理论观点是一致的。

《物种起源》这部巨著工程浩大，达尔文经常遭受书写痉挛之苦，因此，有时每个句子、每页手稿都是在忍受了极大的肉体痛苦的情况下写出来的。赖尔教授建议达尔文在准备这部内容丰富的书时，同时发表他的观点概要，以便抢先取得理论上的优先权。达尔文不同意赖尔的意见，他认为他的学说是由许多论点组成的，而每个论点都需要用事实来证明，忽视这

→达尔文纪念章

些证明，在他看来是不可思议的。然而，赖尔认为有人会抢在达尔文前面，这一预见真的应验了。1858年6月，远在马来群岛进行考察的英格兰生物学家华莱士给达尔文寄了一篇题为《论变种无限偏离原始类型的歧化倾向》的论文，征求达尔文的意见，并请他转交给赖尔和虎克博士。在这篇论文中，华莱士所用的术语及章节题目以至文中的内容与达尔文正在写作的巨著《物种起源》真是大同小异，不谋而合，而这时达尔文已经写完了10章，完成了要写内容的一半左右。

达尔文接到华莱士的论文后不但没有反感和灰心

丧气，反而表现了极大的热情。虽然他也想到他的全部研究和探索因此可能会付诸东流，但是他的第一个念头却是把他多年研究和探索得到的全部知识，交给一个经验不如他丰富、比他年轻16岁的科学家自由使用。

达尔文给华莱士写了一封非常亲切的回信。信中指出，他对华莱士在《年鉴》上发表的那篇论文，几乎每一个字都同意，并且补充说，他已经对怎样区别物种和变种的问题研究了20年，但是这个题目太大了，在信中不便详谈。

达尔文为了避免华莱士和别人的误会，曾一度想放弃自己坚持了20年，并正在继续研究的有关物种变异问题，停止巨著《物种起源》的写作。但是，赖尔

达尔文纪念画像

达尔文生态园林

和虎克两位老朋友坚决反对他这样做。最后，赖尔和虎克提出了一个折中办法，即在1858年7月1日的林耐学会举办的学术报告会上，同时宣读了华莱士的论文和达尔文在1844年写的关于物种起源问题的手稿摘要，以及在1857年9月5日达尔文给爱沙·葛雷的一封信的部分内容。这些论文和文件后来都同时发表在《林耐学会杂志》（动物学）第三卷上。

论文宣读时，达尔文没有到场。他的才两岁半的幼子查尔斯两天以前患猩红热死去了，除了悲痛万分外，全家都需隔离检疫。出席会议的只有赖尔和虎克，他们强调指出了论文中提出的问题的重大意义。虎克回忆当时的情景说："论文引起了强烈的兴趣。不过，由于这个题目过于新奇，对于旧学派是个不祥之兆，使得他们（旧学派的人）在没有武装以前不敢挑战。"还有，大名鼎鼎的赖尔和虎克都赞同新的学说，使学会会员们感到敬畏，不敢贸然攻击这个学说。在这次会议的日程上，还安排有大植物学家边沁的报告。他本来要根据旧观点证明，在分析不列颠的植物区系时，他做的一系列观察能证实物种的永恒性，并表明，偏离常规的和由于培植或者通过其他途径形成的生物自然地返回到它的初始状态。但是，当边沁听完达尔文和华莱士的报告后，感到非常吃惊，以致立即取消了自己的报告，决定重新验证他表示怀疑的那些观点。

←达尔文生命进化树理论

在朋友们的敦促下，达尔文坚持不懈地进行《物种起源》的写作。到1859年3月16日，达尔文写完了关于分类法、形态学、胚胎学等最后一章。1859年11月24日，这部具有划时代意义的巨著问世了。初版印刷了1 250册，发行当天就被抢购一空。很多没有买到书的人都希望能迅速再版。

《物种起源》的导言部分，有一行行令人惊奇的语句：

> 物种和变种一样，是其他物种所传下来的，而不是被分别地创造出来的。
>
> 许多自然科学学者直到最近还保持的、也是我过去所接受的那种观点——每一种物种都是被分别创造出来的——这是错误的。我完全相信，物种不是不变的。那些所谓属于同属的物种，都是另一个一般已经灭亡的物种的直系后代，正如现在会认为某一种的那些变种，都是这个种的后代。
>
> 此外，我又确信自然选择是变异的最重要途径，但不是唯一的途径。

达尔文的《物种起源》用极其丰富的资料，令人信服地证明生物界是在不断变化着的，它有自己发生和发展的历史，现在世界上形形色色的生物都不是上帝的特殊创造物，而是“若干少数生物的直系后代”，生物进化是客观存在的事实，并且有规律可循。它们从简单到复杂，从低级到高级，不断发展、进化。这种发展和进化，不是什么超自然力量干预的结果，而是自然界内部矛盾斗争的结果。也就是说生物的发展和进化，并不是由神的意志或者生物本身的欲望决定

←达尔文塑像

的，而是遗传变异、生存斗争和自然选择的结果。达尔文合理地解释和论证了生物的进化。他用物种变异的普遍性，推翻了物种不变论的形而上学的观点，给当时自然科学中的目的论以致命的打击，戳穿了千百年来神创论宣传的“上帝创造万物”的谎言，把越来越多的人从宗教神学的迷信、落后和无知中解放出来。

《物种起源》的出版，在生物学领域里产生了巨大而深远的影响。继天文学、物理学、化学之后，生物学这个仍旧被宗教神学盘踞着的顽固堡垒也终于被炸开了。一向十分关注自然科学发展的马克思和恩格斯很快就阅读了这本书，并且给予高度的赞扬。在它出版不到20天的时间里，恩格斯就在给马克思的信里说：“我现在正在读达尔文的著作，写得简直好极了。目的论过去有一个方面还没有被驳倒，而现在被驳倒了。此外，至今还从来没有过这样大规模地证明自然界的历史发展的尝试，而且还做得这样成功。”据说，当时马克思和他的朋友们有好几个月见面时不谈论别的话题，而只谈论达尔文和他的生物学革命。

“叛逆者”与卫道士的较量

最好是把真理比做燧石，它受到的敲打越厉害，发射出的光辉就越灿烂。

——马克思

达尔文新奇的进化论观点使人们耳目一新。买到《物种起源》这本书的人奔走相告，一传十，十传百。从伦敦到剑桥，从牛津到伯明翰，从曼彻斯特到唐恩村和梅庄，整个英国到处都谈论着《物种起源》和达尔文的进化论。有些人兴高采烈，拍手叫好；有些人似懂非懂，把它当作奇闻传说；还有些人恼羞成怒，暴跳如雷。在敌视达尔文的读者中，有些人不同意达尔文的理论，但对作者的热爱劳动、对作者的真诚的意图、对作者论述问题的严谨性却给以应有的评价；有些人发现达尔文的方法本身存在着一些缺点，指出他的理论中有许多重要原理并不是从事实和观察中直接得出来的；有些顽固坚持和信仰宗教教义的人对达尔文的理论坚决持否定态度。

在这些杂乱无章的各种各样的意见和流派中间不

能不发生争论。达尔文和他的支持者们必须为捍卫正义和真理而斗争。

在这场斗争中，达尔文的年轻朋友，35岁的博物学家托马斯·赫胥黎教授起了很大的作用。他和达尔文一样，也是在一艘军舰上开始他博物学家的事业的。他以海军助理军医的身份在“雷捷利斯涅克”号巡洋舰上参加了4年考察工作。回英国后，赫胥黎发表了有关公海的水母和其他透明体动物的著作，并为此而

→赫胥黎是达尔文进化论的忠实捍卫者。

获得了伦敦皇家学会的奖章，这是非常光荣的奖赏。他对古生物学进行了大量的研究，并且在矿业学校建立了一个地质博物馆。赫胥黎经常给工人公开讲课，礼堂里总是挤满了人，大家都聚精会神地听他讲课。因为他讲课非常精练，言简意赅，具有很强的吸引力和说服力。正像他自己经常说的那样，在公开演讲时应该有一种十分清晰的叙述问题的能力，“使得听众能够认为，甚至在他们不理解的时候也是理解的”。

达尔文在出版《物种起源》一书时，已经预料到了那些习惯于相信物种创造论的绝大多数读者，必然对他的进化论思想持否定或怀疑的态度。但他也一直认为，那些无私追求真理的科学家在认真了解他的各种论点和论据后，一定会转到他这边来的。他把刚刚出版的书送给他们，渴望知道他们的评论和意见。他首先给自己指定了3位最信赖的裁判者：一位是当时的地质学界的泰斗赖尔，一位是在读这本书校样时就已经开始转到他这方面来的虎克，还有一位就是对自然史方面提出的每一个新思想都作出积极反应的赫胥黎。

赫胥黎第一次读了《物种起源》后给达尔文写信说：“自从9年前我读了贝尔的论文后，我所看到的博学方面的著作没有一本给我留下过这样深刻的印象。

→在捍卫进化论的过程中，赫胥黎给了达尔文很大的帮助。

我衷心地感谢您给了我大量的新观点。我认为您这本书的格调是再好不过了，它可以感动那些对这个问题一无所知的人们。……如果我没有弄错的话，大量的谩骂和诽谤正在等着您，希望您不要为此而感到烦恼和惶惑不安。您可以相信，一切有头脑、有自由思想的人将永远感激您。让那些恶狗去嗥叫吧，您应该记住，您的一些朋友们无论如何还有一定的战斗力（虽然您时常公正地责难这一点），这可能对您是有用处的。我正在磨利我的爪和牙，等着他们呢……”

赖尔对达尔文这部巨著的出版感到由衷的高兴，他和虎克曾竭力说服达尔文不必再等一些时候才出版这本书。因为纵使达尔文能活到100岁，但是要等到他把自己的那么多论断和依据都准备充足，这种时机大概也是不会到来的。他称赞这本书说：“在许多页中都光辉地表现出严密的推理和充足的论证。内容高度的集中，对于尚未入门的人来说，也许集中的有点儿过分了……”

植物学家华生也表现出对达尔文思想的狂热崇拜。他在给达尔文的信中说：“您的主导思想，即‘自然选择’，一定会被当作科学上的确定真理而为人们所接受。它具有一切伟大的自然科学真理所具有的特征，变模糊为清晰，化复杂为简单，并且在已有的知识上添加了很多新的东西。您是20世纪的、甚至是一切世纪的博物学中最伟大的革命者。”

尽管达尔文知道这些话在一定程度上是为了鞭策和勉励自己，但是他也的的确确非常需要这些朋友们的支持和帮助。可以想象，如果不是这些老朋友们，在任何艰难情况下始终如一的支持，他的身体很可能完全被搞垮，以至根本活不到看到他的许多理论被证明是正确的那一天。

赫胥黎的预感很快就得到了证实。所有拥护物种不变论的人都开始激动起来。那些盲目相信莫伊谢也夫的世界创造说的人都不满起来；那些向人们宣扬关于在生物身上体现着一种抽象思想的自然哲学家们不满起来；那些承认超感觉的形而上学原理，并宣扬所谓的“终极原因”的人们不满起来。但最使人们感到不满的是达尔文在《物种起源》一书中仅仅用一句话所涉及的一个原则问题。这句话是：“大量光明将投射在人类的起源和他们的历史上。”在哥白尼时代，要人们放弃地球是宇宙的中心这一观点是不可能的。同样，现在要人们放弃人在生物中处于完全“特殊的”地位这一习惯的看法也是不可思议的。正像乌莫夫教授在《纪念达尔文集》中的一篇文章中说的那样：“无论是在我们这里还是在西方，在那些非专家的人中间，都有一些反对达尔文学说的人。在这些人的感情中甚至现在也还是屈辱感占着上风。他们感到屈辱的是人类不是通过奇迹从地球上产生的，而是来自猿或来自和猿同一个祖先。”

最早向达尔文发难的是1859年11月刊登在《英国科学协会公报》上的一篇书评。值得注意的是评论者认为书中“最主要的问题”是人的起源问题。书评中说：“……白菜可能是最早的植物，而鱼则可能是最早

达尔文画像

的动物，最早的动物也可能是鲸鱼。那么我们在单独地创造行为中需要的是什么呢？……如果说猿猴变成了人，那么人又将变成什么呢？”

书评最后蛊惑说：“……对我们来说，只要补充说，无论是这本书，还是它的作者，或者是书中谈的事物，完全是普普通通的就足够了。这本书是值得注意的，而且我们也不怀疑，它应该受到注意。有学问的博学家们将根据作者本身的情况来研究作者，而这里，我们想象，为使这一理论彻底存在下去，必将发生一场严酷的斗争。神学家们说（他们也有权洗耳恭听），创立复杂的、把神排除在重复的创造行为之外的理论有什么意义呢？为什么不老老实实地承认，新的物种是由上帝的创造力量创造的呢？为什么对不必要的非直接行为不进行直接的干预，而要使用进化法则呢？我们向读者介绍作者及其著作之后，应该把他交给圣学院、大学院、教堂和博物院去摆布才是。”

达尔文读了这篇书评后写信给虎克说：“他把不朽的问题也扯了进来，并用这种手法唆使那些僧侣们来攻击我，让他们来折磨我，这种手法是卑鄙的。诚然，他不是要烧死我，但是他却准备好了干柴，并告诉那些黑色的骗子们怎样可以捉到我。”

达尔文的这种估计很快就得到证实，在全国各处，

达尔文于1859年出版了《物种起源》这部巨著。

道貌岸然的教士们在布道坛上声嘶力竭地讨伐达尔文的著作，脸色铁青的教主们则散发信件斥责达尔文是无神论者，指控他在明目张胆地亵渎神明。一些教会人士甚至还与当局联系，要求立即停止出版《物种起源》，并没收已印出的部分。

令人气愤的是，大部分教士实际上并没有读过《物种起源》，只不过是道听途说，而对其内容却只是略知一二。甚至那些劳神把它翻了一遍的先生们，也并不能十分理解它的真正含义。达尔文逝世若干年后，他的老朋友马修·查尔顿谈到了在伦敦一家俱乐部碰到了一位大名鼎鼎的牧师，他是竭力反对《物种起源》的主要人物之一。查尔顿问他《物种起源》这部书的哪一部分、哪一章节使他最反感，这位牧师支支吾吾地说不出具体内容来。可见，他从来没有读过《物种起源》一个字，还仍然煞有介事地坚持说，这本书最恶毒地亵渎了基督徒的神明。

有的教派认为："达尔文的《物种起源》是一个推翻上帝的阴谋，旨在扰乱他们对神的信仰，企图毁灭上帝，这是大逆不道的。"他们还公开叫嚷，要"围剿达尔文，打倒达尔文！"以便"扑灭邪说，拯救灵魂"。他们妄图把这场自然科学史上的革命扼杀在摇篮之中。在这期间，恶毒攻击信、辱骂和威胁恐吓信像雪片一

达尔文画像

样，从英格兰全国各地、甚至从海外的很多地方向唐恩村飞来。一连几个月，很少收到邮件的唐恩村居民经常看见邮递员肩上扛着笨重的邮袋，沿着小路向达尔文住宅走去。

使达尔文感到伤心的是，攻击他和他的学说的人中，有些是很有名的科学家，甚至还有他的一些好朋友。他们对进化论表示蔑视，进行冷嘲热讽。

欧文教授曾经是达尔文的好友和顾问，现在一下子变成了仇敌。他绞尽脑汁，用辛辣恶毒的语言对达尔文和《物种起源》进行攻击。

达尔文在伦敦上高尔街居住的时候，家里的常客、天文学家赫歇耳，他对生物学一窍不通，现在也出来反对生物学领域里的这场大革命。他说：“《物种起源》里全是一些‘杂乱的法则’。”

地质学家塞治威克曾经是达尔文的老师，对他有过巨大的帮助。但这次他给达尔文寄来了一封充满愤恨、嫉妒和讽刺的信。他在信中说：“当我读着您的著作的时候，我感到的痛苦多于愉快……其中有些地方使我狂笑起来，笑得我两肋酸痛不堪；还有些地方使我感到极大的痛苦，因为我认为这些是完全错误的，而且是令人难堪的恶作剧。”他认为，如果按照达尔文的自然选择法则，那么“人类就会受到损失，人性就会受到摧残，人类就会堕落，堕落的程度比我们在人类史中能够查到的任何一次都要大。”

美国地质学家和鱼类学家路易士·阿加西斯用权威的口吻宣称：“我认为变异的理论是一个科学上的错误，所举事实的用意是恶作剧的。”另外，还有许多人也都加入了反对达尔文学说的行列。

对于这些直截了当的恶毒攻击和侮辱性的斥责，达尔文能够泰然处之，宽大为怀。但是一些评论者和批评者对达尔文的思想和学说，随心所欲地进行种种歪曲，使达尔文感到越来越苦恼。此期间他在给虎克的信中忧郁地表示怀疑，他能否把自己的思想解释清楚，因为这些评论者和批评者们根本不懂他的论断过

天文学家赫歇耳曾批评《物种起源》里全是一种“杂乱的法则”。

程。他说：“我开始认为我自己是完全错了，我成了一个最愚蠢的人。但是我还不能使自己相信，难道赖尔、您、赫胥黎、卡本德、爱沙·葛德和华生等人也都是蠢材吗……不管怎样，时间会说明一切，而且只有时间。”

就在达尔文情绪最低落的时候，赫胥黎又给了他意想不到的帮助。由此可见，赫胥黎并没有白白地磨利自己的“爪和牙”。

1860年6月，“英国科学协会”在牛津大学召开会议。6月21日，牛津大学的英国植物学家道宾尼博士做了一个报告，题目是“论植物性别的终极原因，兼评达尔文先生的《物种起源》。”大会主席请赫胥黎发表意见，但赫胥黎拒绝了。他主要考虑到进化论的思想还没有普及，而且这种场合也不是进行科学争论的场所。可是，事实的发展超出了赫胥黎的预料。

6月30日的会上，纽约的芝威伯博士又要宣读一篇论文，题目是“论欧洲的智力发展，兼论达尔文先生的观点”。这天正好是星期六，进化论的反对派头目、牛津大主教韦勃甫司带了很多教会人士和保守的学者来到会场。达尔文因为身体不好没有到会。赫胥黎和虎克出席了会议，一些青年学生和看热闹的人也来了。大厅里挤得水泄不通，大厅外边还站着许多听众，共有7 000多人。

辩论开始以后，大主教韦勃甫司抢先跳上讲台，妄图用连篇累牍的花言巧语来蛊惑人心。煽动宗教情绪，控制会场。他大谈《物种起源》冒犯了造物主，说达尔文的理论支持了一种粗野、愚蠢的世界观，不合神意，是直接挑战，除了装腔作势、以势压人外，没有一点科学内容。

大主教的胡说八道引起台下一批教徒的喝彩、鼓掌，甚至一阵阵歇斯底里的狂叫。欧文和其他几个坚持神创论的学者也洋洋得意地坐在一边，庆幸自己的"胜利"。大主教环视了一下会场，可能预见到赫胥黎要起来反驳他，于是把矛头直接指向静坐在一边听讲的赫胥黎教授，用挑衅的口气恶狠狠地进行人身攻击说："最后，我想问一问坐在我对面的赫胥黎先生，你相信猴子是人类的祖先，那么请问你，究竟是你的祖父还是你的祖母，同无尾猿猴发生了亲属关系？"

这个问题引起了哄堂大笑，当赫胥黎从容不迫地

达尔文画像

走上讲台时，台下顿时响起了经久不息的掌声。他很镇静地概括了达尔文进化论的内容，指出这个学说不是凭空捏造出来的，而是建立在20多年观察研究基础上的，它反映了生物世界的客观规律，是科学的真理、人类智慧的结晶。他还慷慨激昂地指出了这位大主教在发言中所犯的许多自然科学方面的重大错误，并驳斥这位主教最后提出的一个讽刺性的问题。赫胥黎说："我过去说过，现在再说一次，一个人没有任何理由因为他的祖先是无尾猿而感到羞耻。我认为感到羞耻的倒应该是这样一种人：他惯于信口雌黄，不满足于在他自己活动范围里所取得的那些令人怀疑的成就，却要粗暴地干涉他一窍不通的科学问题。所以他只能避开辩论的焦点，而用花言巧语和诡辩的辞令来转移听众的注意力，企图煽动听众利用宗教上的偏见，来压倒别人。这才是真正的羞耻啊！"

话音刚落，进步的听众，特别是青年学生立即报以热烈的掌声。赫胥黎以雄辩的事实，富有逻辑性的论证，同大主教那种内容空洞、语无伦次的谩骂，形成了鲜明的对比。而且，这也是牛津大学有史以来第一次在大庭广众之下这样有力地谴责主教大人。

牛津大学辩论会的胜利大大地振奋了达尔文的精神，激发了捍卫进化论学说的人们的斗志。进化论学

→达尔文画像

说的影响越来越大，不久，便在英国家喻户晓了。《物种起源》一书一版再版，并很快被翻译成几种最主要的文字，在全世界广为传播。

达尔文的一生，一直是在为发展进化论学说而不懈地奋斗着。《物种起源》出版以后，他又把进化论推广到人类，写了《人类的起源和性选择》，以及讨论植物界中种种适应现象的《兰花的传粉》《攀缘植物》《食虫植物》《蚯蚓》等等。达尔文还写了一部行为学的著作《人和动物感性的表达》。

1882年4月19日，达尔文与世长辞了，终年73岁。他被隆重地安葬在伦敦西斯敏特大教堂公墓，和伟大的物理学家牛顿的墓平排在一起，距离他的好友和导师赖尔的墓只有几英尺远。他们共同享受着英国科学家的最高荣誉。

达尔文这位不断追求真理、敢于向宗教保守势力挑战的伟大科学家，将被世世代代的人们所怀念。

晚年的达尔文